Crecí en una denominación que llamaba, investigaba, formaba y apoyaba a sus misioneros internacionales de tiempo completo. Imagínense mi sorpresa cuando crecí y me enteré de que muchas iglesias y paraiglesias, exigían que los misioneros levantasen su propio sustento. Aunque Tim Welch reconoce los puntos fuertes de este enfoque, él identifica su creciente número de debilidades, junto con las ventajas, especialmente para los misioneros del Mundo Mayoritario, de adoptar otros modelos que pueden ser, incluso, más bíblicos. A través de una alentadora variedad de estos modelos, Welch defiende que variemos nuestros modelos cuando sea posible, a fin de satisfacer mejor las necesidades actuales. Muy recomendable.

CRAIG L. BLOMBERG, Doctor en Filosofía
Profesor Emérito Distinguido, Nuevo Testamento, Seminario de Denver

Tim Welch nos desafía, en esta importante investigación, a reconsiderar cómo financiamos las misiones en el contexto actual en el que estamos enviando obreros de todas partes a todas partes. Es necesario cuestionar y replantear nuestra mentalidad: A través de la reflexión bíblica, las estadísticas globales y la relevancia contextual, se nos ofrece una amplia variedad de modelos para aumentar la financiación de las misiones. No existe una "talla única", Tim presenta una A-Z de estudios de casos/modelos que se aleja del contexto occidental, más tradicional, para acercarse a modelos diversificados. Es mucho lo que está en juego, la creatividad es esencial y el llamamiento del Evangelio sigue ocupando un lugar central mientras avanzamos en fe con Jehová Jireh para alcanzar a las naciones.

EMMA BREWSTER
Directora Global del Ministerio de Alcance de SIM, Sudáfrica

Tim Welch ha escrito un enfoque bien documentado sobre la cuestión vital de financiar la misión mundial. Él entiende las cuestiones relacionadas con este tema a través de su propio ministerio, sirviendo con SIM, durante treinta y un años en Costa de Marfil. Este libro es de lectura esencial para apoyadores, fundaciones, futuros misioneros y líderes de misiones.

LUIS BUSH
Presidente, Transform World Connections
Ex CEO, Partners International
Ex Director Internacional, COMIBAM & AD2000 and Beyond Movement

Recomiendo encarecidamente esta obra de Tim Welch. La financiación de los pueblos menos alcanzados, a través de la apasionada Iglesia Mundial Mayoritaria, es uno de los mayores retos a los que se enfrentan los misioneros contemporáneos. Welch, anima y desafía a los misioneros a derribar las anticuadas estructuras de apoyo "basadas en la fe", en favor de enfoques más innovadores. Él presenta modelos de financiación culturalmente relevantes; y la manera efectiva de adopción de los modelos presentados en esta obra, permitirá a la Iglesia del Mundo Mayoritario expandirse aún más en los países de acceso restringido, donde se necesita más el evangelio. Recomiendo este libro a cualquiera que se tome en serio el cambio adaptativo en la financiación de misiones, pero especialmente, a quienes trabajan diariamente para cumplir la misión de Dios en el mundo caminando junto a nuestros hermanos en la Iglesia del Mundo Mayoritario.

Lloyd S. Chinn
Director Global, World Venture, África

Nuevos modelos de financiación de la misión global, es un libro innovador que será un recurso útil para quienes trabajan en el ministerio. Aprender sobre la financiación estratégica nos ayudará a avanzar en nuestros ministerios.

Damples Dulcero-Baclagon
Redactor Jefe, Asian Missions Advance

Nuevos modelos de financiación de la misión global, de Tim Welch, es un conjunto ecléctico de modelos de apoyo a la misión. Como "misionero africano" que desempeña un papel pionero de liderazgo en una agencia misionera autóctona, me siento muy identificado con todos los aspectos del contenido de este libro. Tim destaca y acopla varios ejemplos y modelos bíblicos y prácticos de apoyo y participación en la misión. Recomiendo encarecidamente este libro, especialmente a las iglesias, agencias misioneras, misioneros y movilizadores de misiones en el Mundo Mayoritario, que son considerados como formadores de la mayor fuerza misionera, ahora y en el futuro.

Reuben Ezemadu
Director Internacional, Fundación Misionera Cristiana
Coordinador Continental, Movimiento para las Iniciativas Nacionales Africanas
Ibadan, Nigeria

Dado que la misión cristiana se desarrolla ahora de todas partes a todas partes, el personal, las estrategias, los modelos y la financiación de la misión van a diversificarse más que nunca. Tim Welch explora muchas realidades emergentes de las regiones del Sur Global y ofrece reflexiones bíblicas sobre la tarea y los recursos de la misión. Un recurso oportuno y útil para todos los que ejercen el liderazgo cristiano.

Sam George
Catalizador para las Diásporas, Movimiento de Lausana
Director, Wheaton College Billy Graham Center Global Diaspora Institute

Tim Welch, cuenta con décadas de experiencia en el campo misionero del Mundo Mayoritario y comprende la urgencia de alcanzar a los no alcanzados. Para cumplir la Gran Comisión en nuestra generación, debemos aplicar modelos de financiación eficaces y terminar la tarea encomendada por Cristo. Recomiendo, de todo corazón, el perspicaz libro de Tim *Nuevos modelos de financiación de la misión global*, para todos los misioneros y agencias misioneras.

Dai Sup Han
Prayer Surge NOW!, AWAKE! Gatherings

Recordándonos la afirmación de Hudson Taylor: "La obra de Dios realizada a la manera de Dios nunca carecerá del sustento de Dios", Tim Welch nos invita desde el principio a centrarnos en el propietario de todo, antes de pedirnos que consideremos y revisemos las distintas posibilidades de financiación para la misión mundial. Más que nunca, la Iglesia del Mundo Mayoritario tiene mucho que aportar a la financiación de la misión y a la definición de la agenda del cristianismo mundial. ¿Hacemos lo que deberíamos hacer y vamos a donde Dios nos envía con los recursos que disponemos? Recomiendo la lectura de este libro, a todos, al considerar seriamente nuestra participación y asociación en la movilización de recursos para la misión que Jesús nos confió.

Mario Li-Hing
Equipo de Liderazgo de MANI, Presidente de la Junta de AEA

Éste es un libro muy informativo e inspirador para los obreros, misioneros, que quieren obtener ideas creativas sobre cómo financiar sus ministerios. Que este conciso volumen ayude a movilizar a más obreros, hacia las vastas cosechas entre los pueblos no alcanzados y no contactados de nuestro mundo actual.

David S. Lim, PhD
Chairman de la Junta Directiva, Lausana Filipinas

Nuestro corazón por las misiones no puede separarse del reto y el privilegio de financiarlas. El Mundo Mayoritario está produciendo obreros, una respuesta directa a la oración que Jesús nos encomienda (Mt 9:38). Tim Welch, deja claro en este libro, que el envío de obreros del Reino a los no alcanzados se verá significativamente obstaculizado, a menos que, ampliemos nuestros horizontes y pongamos en práctica nuevos modelos de apoyo. Él provee una rica lista de posibilidades para estimular nuestra reflexión, pero nos ofrece mucho más que soluciones pragmáticas. Su compromiso con la reflexión bíblica hace de este libro, una lectura valiosa y oportuna para quienes consideran el avance del Reino de Dios de suma importancia

Mutua Mahiaini
Presidente Internacional, Los Navegantes

Éste es un libro oportuno que aborda la necesidad de que la iglesia, en el Mundo Mayoritario, enfrente seriamente el tema del financiamiento de las misiones, dándose cuenta de los enormes recursos y canales de apoyo para financiación misionera de que dispone el Mundo Mayoritario. Recomiendo encarecidamente la lectura y el debate de este libro, especialmente por parte de los líderes eclesiales y misioneros, con el fin de lograr una movilización intencional y sostenida.

Peter Oyugi
Equipo de Liderazgo, Movimiento de Iniciativas Nacionales Africanas (MANI)

Con este libro, Tim Welch ha hecho una valiosa contribución a la estrategia misionera mundial. Este libro es particularmente importante para los ministros, como yo, que sirven en el Mundo Mayoritario. La necesidad de movilizar eficazmente a estas iglesias para que sean autosuficientes y dejen, gradualmente, de depender exclusivamente de las contribuciones extranjeras; es la necesidad del momento en el cambiante escenario mundial. Este libro es de lectura obligada para todos los que se dedican a las misiones en todo el mundo.

Rev. Lallienvel (Lal) Pakhuongte
Presidente de la Iglesia Evangélica Libre de la India

La financiación de las misiones es un tema complejo. El libro me abrió un nuevo panorama, dándome una mejor idea de los retos a los que se enfrentan los misioneros y de cómo, nosotros, como iglesia podemos involucrarnos. Es un libro informativo y práctico basado en la experiencia y la investigación del autor. El apoyo a las misiones debería ser un elemento en el presupuesto de todas las iglesias. Además, como pastor y líder, me ha abierto nuevas funciones que puedo desempeñar en la participación misionera.

Isaac Quino
Director, Fundación Apoyo, Bolivia

Ojalá, este libro hubiera existido cuando comencé mi carrera ministerial. En *Nuevos Modelos de Financiación de la Misión Global*, Tim Welch ofrece un maravilloso regalo a la Iglesia Occidental... si está dispuesta a aceptarlo. Con demasiada frecuencia, los líderes misioneros confían en modelos de financiación para el ministerio situados en un contexto cultural particular, en beneficio de la cultura dominante en el Mundo Occidental. Al documentar una multitud de formas diferentes en que Dios financia Su misión, Welch, muestra que puede haber una mejor manera. La contribución de Welch es, ayudarnos a ver que la financiación de la misión puede hacerse y se está haciendo de maneras mucho más cercanas a la de Dios, que los estrechos paradigmas que hemos utilizado en Occidente. Oro por una obra masiva del Espíritu a través de los esfuerzos de Welch en este libro para que, finalmente, veamos a la misión occidental aprendiendo de nuestros hermanos del Mundo Mayoritario. Tenemos tanto que aprender de ellos – si tenemos oídos para escuchar.

Eric Robinson, PhD
Autor del blog "Minister Different" sobre financiación de ministerios

En el 2006, la entonces dirección ejecutiva internacional de Operación Movilización me pidió que dirigiera un equipo de trabajo para ayudar, a la organización, a averiguar cómo podemos hacer y financiar misiones de manera diferente, especialmente para nuestros campos del Mundo Mayoritario. Nosotros, reconocemos que los modelos de financiación tradicionales son menos eficaces en el Mundo Mayoritario y que no podíamos limitarnos a "ponerle a David la armadura de Saúl". Tim Welch tiene un ganador aquí. Su libro, bien documentado, será de inmenso beneficio para toda la iglesia, pero me atrevería a decir que, especialmente, para la iglesia en el Mundo Mayoritario. Él ha presentado sugerencias prácticas y aplicables. La forma en que obtenemos y utilizamos las finanzas en la misión, ha causado muchos dolores de cabeza en el pasado al Mundo Mayoritario, donde la cuestión del dinero era también una cuestión de poder. Tim trata bien estos aspectos. Recomiendo encarecidamente este libro.

PETER TARANTAL
Director Internacional Asociado, OM
Chair, Majority World Christian Leaders Conversation
Asesor, equipo de liderazgo de MANI

Nuevos Modelos de Financiación para la Misión Global: Aprendiendo del Mundo Mayoritario

© 2023 by Tim Welch. Edición original en inglés.
© 2025 by Tim Welch. Traducción al español.
Todos los derechos reservados.

Ninguna parte de este libro puede ser reproducida, almacenada en un sistema de recuperación, o transmitida en ninguna forma o por ningún medio—electrónico, mecánico, fotocopia, grabación, o de otro modo—sin el permiso previo por escrito del editor, excepto citas breves utilizadas en conexión con reseñas en revistas o periódicos. Para obtener permiso, envíe un correo electrónico a permissions@wclbooks.com. Para correcciones, envíe un correo electrónico a editor@wclbooks.com.

Nota de traducción: Las versiones de la Biblia mencionadas (ESV, NLT, NVI, MSG) son del idioma inglés. Se hizo una traducción de los textos mencionados por el autor, sin conexión con sus versiones equivalentes en el español.

All Scripture quotations, unless otherwise indicated, are taken from the Holy Bible, New International Version®, NIV®. Copyright ©1973, 1978, 1984, 2011 by Biblica, Inc.™ Used by permission of Zondervan. All rights reserved worldwide. www.zondervan.com. The "NIV" and "New International Version" are trademarks registered in the United States Patent and Trademark Office by Biblica, Inc.™

Scripture quotations marked ESV are from The ESV® Bible (The Holy Bible, English Standard Version®), copyright © 2001 by Crossway, a publishing ministry of Good News Publishers. Used by permission. All rights reserved.

Scripture quotations marked NLT are taken from the Holy Bible, New Living Translation, copyright ©1996, 2004, 2015 by Tyndale House Foundation. Used by permission of Tyndale House Publishers, Carol Stream, Illinois 60188. All rights reserved.

Scripture quotations marked as MSG are taken from The Message, copyright © 1993, 2002, 2018 by Eugene H. Peterson. Used with permission from NavPress. All rights reserved. Represented by Tyndale House Publishers, Inc.

Publicado por William Carey Publishing
10 W. Dry Creek Cir
Littleton, CO 80120 | www.missionbooks.org

William Carey Publishing es un ministerio de Frontier Ventures
Pasadena, CA | www.frontierventures.org

Diseño de cubierta: Mike Riester

ISBN: 978-1-64508-539-3 (paperback)
       978-1-64508-541-6 (e-pub)

Impreso en todo el mundo

29 28 27 26 25   1 2 3 4 5   IN

Library of Congress Control Number: 2025942093

Nuevos Modelos de Financiación para la Misión Global

Aprendiendo del Mundo Mayoritario

Tim Welch

Contenidos

Reconocimientos xiii
Capítulo 1: ¿Por qué estudiar este tema? 1
Capítulo 2: Financiación de las misiones en el pasado
    y en el presente. 7
Capítulo 3: ¿Qué está en juego? 15
Capítulo 4: Financiación de misiones 1.0 - pros y contras. . . . 21
Capítulo 5: Modificar la tradición. 27
    Una tercera parte. 29
    Campañas de compromiso misionero. 31
    Un "Grupo de Inicio de Misión". 31
    Financiación por medio de la diáspora. 32
Capítulo 6: Financiación de misiones 2.0. 35
    Hacedores de tiendas. 36
    Negocio como misión (BAM). 40
    Asociaciones. 42
    La agencia misionera, no el misionero, busca apoyo. 44
    Modelo de las doce iglesias. 45
    "Ahorro rotatorio" para la misión. 47
    Crowdfunding. 48
    Vivir de los frutos del ministerio. 49
    Apoyo que disminuye con el tiempo. 51
    "Un puñado de arroz" (buhfai tham). 51
    Empleo a tiempo parcial para el cónyuge. 53
    Reducción de costos. 54
    Fondo de Dotación. 55
    Apoyar un ministerio en lugar de una persona/
    familia misionera 56
    "Designación de misión". 56
    Procedimientos simplificados. 57
    Agencias misioneras que contribuyen a la iglesia local. . . . 58
    Actividades y eventos. 59

Capítulo 7: Beneficios de la Financiación de Misiones 2.0 65

Capítulo 8: ¿Qué dice la Biblia sobre apoyo misionero? 71

    ¿Quién financia la misión en el Nuevo Testamento?. 72

    Repasando un término clave. 77

    ¿Cuál es la evidencia bíblica sobre el papel de la Iglesia del Mundo Mayoritario en la misión?. 83

Capítulo 9: Una nueva posición económica. 89

    Crecimiento económico. 89

    Inversiones. 92

    Remesas. 93

    Riesgos. 93

    Telecomunicaciones. 95

    Tecnología de la información y comercio electrónico. 96

    Sector bancario. 99

    Transferencias de dinero. 103

    ¿Y la Iglesia qué?. .104

Capítulo 10: El mayor temor de un pastor. 105

Capítulo 11: Entonces, ¿qué? 111

Apéndice 1: Dos categorías de financiación para misiones. . . 119

Apéndice 2: La nueva posición económica de África. 125

Lista de referencias 139

*"La obra de Dios
realizada a la manera de Dios
nunca carecerá del sustento de Dios"*

—Hudson Taylor
Misionero a China y fundador de "China Inland Mission"

Reconocimientos

Un libro es, siempre, un esfuerzo colaborativo y este no es una excepción. La idea de este libro en particular surgió en el 2013, cuando SIM me pidió que presidiera a su grupo de trabajo sobre "Nuevas entidades de envío". Nuestro objetivo era identificar los desafíos financieros que enfrentan las iglesias, en varios países, que querían enviar a sus propios misioneros. Estoy agradecido por el privilegio que tuve de trabajar con Jared Oginga (Kenia), Watson Rajaratnam (Singapur), Julieta Murillo (Ecuador), y Siegfried Ngubane (Sudáfrica) en ese grupo de trabajo.

Nuestro trabajo conjunto me motivó, aún más, a continuar mi propio trabajo en un doctorado que recién comenzaba. Así que, quiero agradecer a mi supervisor de SIM en ese momento, Dave Bremner (Sudáfrica), por concederme el permiso para comenzar mis estudios de doctorado mientras seguía siendo misionero, de tiempo completo, en África Occidental. Y necesito agradecer especialmente a Worku Hailemariam, director de la Oficina de SIM en África Oriental en Addis Abeba, por la invaluable ayuda que me brindó cuando estuve en Etiopía, entrevistando a líderes de misión cuyos comentarios fueron muy reveladores. Sin que yo se lo pidiera, Worku organizó y luego me llevó a esas entrevistas, que hicieron que mis hallazgos fueran mucho más interesantes y pertinentes de lo que él jamás imaginaría.

También quiero agradecer a Martine Audéoud y a Glenn Smith, sin cuyo apoyo mi tesis habría sido un trabajo no iniciado o no terminado.

Permítanme agregar aquí un reconocimiento sorprendente. A pesar de que una entidad inanimada no puede recibir mi gratitud, quiero agradecer a los creadores del sitio web DeepL, por el trabajo increíblemente preciso que realizaron al traducir mi tesis original del francés al inglés. Si bien, obviamente, se tuvieron que hacer correcciones después, DeepL simplificó mi tarea al traducir grandes cantidades de texto con rapidez, y con una precisión sorprendente. Por eso estoy muy agradecido.

También debo señalar que trabajar con el equipo de William Carey Publishing ha sido un placer. Por la gracia de Dios, conocí a Vivian Doub en una gran conferencia en Hungría y ella fue la primera persona que mostró interés en publicar este libro. Por cierto, no fue la primera editorial con la que hablé, pero sí, la primera en mostrar interés. Gracias, Vivian, por poner las cosas en marcha.

Denise Wynn y Melissa Hicks me han brindado consejos y aliento a lo largo del camino. ¿Y, qué puedo decir de la portada? Sin la experiencia artística de Mike Riester, este libro nunca habría tenido una portada tan hermosa. Gracias Mike, Denise y otras personas que colaboraron para hacer la portada tan atractiva.

Puede parecer inusual referirse a un corrector como "valiente", pero esa fue mi conclusión después de observar todos los cambios editoriales que propuso Andrew Sloan. No sólo mejoró el texto ("activando" todas mis pasivas, por ejemplo), sino que, no tuvo miedo de desafiar algunas de mis ideas, tanto en términos de la elección de palabras como de la teología subyacente de esas palabras. Como resultado, tuve que hacer una serie de cambios, e incluso, tuve que eliminar un párrafo porque, al final, concluí que no era doctrinalmente sólido. Y durante años había pensado que así era. Gracias, Andrew, por tu excelente atención al detalle y tu valiosa contribución a los conceptos generales presentados en este libro. Lo has mejorado sin medida.

Permítanme también agradecer a Joshua Bogunjoko, director internacional de SIM, por pedirme que compartiera, estas ideas, en la Consulta de Movilización Africana de SIM en junio del 2023, y por entregar copias de este libro a cada participante. Siempre es alentador para los autores cuando su libro se pone en manos de quienes pueden implementar sus ideas.

Por supuesto, se necesita tiempo para escribir un libro, lo que significaba que mi esposa Janet, tenía que sacrificar tiempo con su marido, tanto física como emocionalmente. Aunque se está acostumbrando a esa idea, no puedo agradecerle lo suficiente por el fabuloso apoyo que, siempre, me brinda durante tales esfuerzos. Gracias, señora de mi vida.

Y, debo decir un "gracias" gigante a nuestro Señor Jesucristo, quien ha sido tan obviamente activo en todo este proceso de la redacción del libro: Al tener líderes de la misión pidiéndome que emprendiera esta tarea en primer lugar; al ayudarme a encontrar un editor mientras estaba en un país lejano; al orquestar eventos para obtener el respaldo de algunas personas que ni siquiera me conocen pero que, aun así, aceptaron leer y luego recomendar este libro; al coordinar el momento de una consulta de movilización con la impresión de este libro. La mano del Señor ha estado con todos nosotros durante todo este proceso. Por eso, y a él, le estoy muy agradecido.

Capítulo 1

¿Por qué estudiar este tema?

Las iglesias que toman la Biblia seriamente sostienen casi unánimemente que Jesucristo dio un mandato a todos los que le siguen: El mandato de hacer discípulos de todas las naciones (Mt 28:19). Los Evangelios según Marcos y Lucas dan cada uno un mandamiento similar (Marcos 16:15; Lucas 24:47), y el Evangelio según Juan trata la misma idea hablando del ejemplo de Jesús y Su encarnación (Juan 20:21) - es decir, cómo enviar, en lugar de qué hacer o decir cuando se está enviando.

El envío de personas a todas las naciones del mundo supone la existencia de estrategias de envío. Una corriente de pensamiento opta por "misioneros laicos" (Bjork 2015, 21) para alcanzar al mundo para

Jesucristo, queriendo alejarse de las agencias misioneras y acercarse a los "hacedores de tiendas". Otra escuela de pensamiento acepta la validez de los "hacedores de tiendas" al mismo tiempo que acepta que otros modelos también son válidos, apoyando así la validez de las agencias misioneras.

Este último grupo afirma que "existe un rico precedente bíblico e histórico para una comisión especial apoyada [financieramente] por comunidades de fe" (Matenga y Gold 2016, 177). Pero sea cual sea la estrategia utilizada, ambas escuelas de pensamiento coinciden en que los métodos utilizados por la iglesia evangélica del Occidente para enviar misioneros, están siendo adoptados por la iglesia evangélica en el Mundo Mayoritario. (En este libro, utilizo el término *Mundo Mayoritario* para referirme a los países antes llamados "Tercer Mundo", "países en desarrollo" o "Sur Global").

Cuando el Mundo Mayoritario adopta los métodos practicados por el Occidente, el costo financiero de hacerlo es bastante elevado. Jonathan Bonk declara que "la empresa misionera occidental, por su parte, depende total y fatalmente de la riqueza" (Bonk 2006, 18). ¿Puede la mayoría de las iglesias evangélicas del Mundo Mayoritario enviar a sus propios misioneros mientras evitan la dependencia en el poder financiero? Creo que la respuesta a esta pregunta es sí, siempre que estas iglesias estén dirigidas por líderes transformadores.

El liderazgo transformacional pretende influir en las funciones institucionales y los procesos de forma que se produzca un cambio positivo. Este cambio promueve así una transformación holística de toda la institución, así como de los individuos que la componen. En este caso, las instituciones afectadas son las agencias misioneras y las iglesias evangélicas del Mundo Mayoritario.

Con este libro, espero contribuir para un liderazgo reflexivo al ofrecer a los líderes misioneros y eclesiásticos la oportunidad de pensar de manera diferente sobre la financiación de las misiones. También pretendo contribuir al liderazgo contextual, ayudando a las organizaciones misioneras, a las iglesias y a sus líderes a discernir lo que funciona bien y lo que no en los distintos contextos culturales. Además, este estudio contribuirá al liderazgo global, porque las agencias misioneras y las iglesias evangélicas de un continente son diferentes de las de otro. Los modelos de financiación de las misiones no tienen por qué ser los mismos de un país a otro. Por último, con este libro busco contribuir al liderazgo profético con el fin de cambiar sistemas y prácticas que parecen estar fracasando en su tarea de dotar de recursos a los misioneros. Los líderes de las agencias misioneras y de las iglesias deben considerar nuevas posibilidades y enfoques para la financiación de la misión global.

Desde el comienzo de la "era moderna de la misión mundial", hacia finales del siglo XVIII y el inicio de la industrialización de Europa, el modelo más utilizado para la financiación de los misioneros evangélicos occidentales ha sido el de buscar apoyo financiero "por fe". En otras palabras, el propio misionero tiene que ir de iglesia en iglesia o de persona en persona para pedir algún tipo de colaboración financiera. Este no era - y sigue sin ser - el modelo utilizado por todas las denominaciones eclesiásticas del Occidente, pero sí es el modelo utilizado por muchas iglesias evangélicas de todo el mundo.

Sé, por experiencia personal, que algunas iglesias evangélicas que han formado sus propias agencias misioneras, como la *Baptist General Conference Church* y la *Conservative Baptist Church*, ambas en Estados Unidos, piden a sus misioneros que pasen de iglesia en iglesia, buscando complementar su apoyo financiero. Esto demuestra que estas denominaciones eclesiásticas no pueden mantener a sus misioneros únicamente a través de sus ofrendas, como lo han hecho las iglesias en el pasado y como lo hacen hoy día otras iglesias protestantes y católicas.

Este modelo de búsqueda de apoyo financiero "por fe" tiene ciertamente algunas ventajas. Una de ellas es que los misioneros conocen personalmente a sus donantes y, gracias a ello, reciben un mayor apoyo en la oración. Esto puede ayudar a explicar por qué este modelo se ha utilizado durante más de doscientos años en la comunidad evangélica. Esta longevidad explica por qué me refiero a él como el modelo "tradicional". Sin embargo, se basa en ciertos presupuestos necesarios para que tenga éxito.

Paul Borthwick cita al pastor Oscar Muriu, de la Capilla de Nairobi, quien afirma que este modelo depende de un nivel económico bastante alto, una estabilidad financiera y el ingreso disponible en el país en el que reside el misionero (Borthwick 2012). Además, requiere la aceptación cultural de acercarse a posibles donantes para pedir dinero para el propio ministerio. Ése y muchos otros factores se abordarán en capítulos posteriores.

Con la publicación del libro de Philip Jenkins "*The Next Christendom*" en el 2002, el mundo cristiano se hizo más consciente de que el Mundo Mayoritario abarca más cristianos que todos los países de Europa y Norteamérica juntos. El hecho de que el cristianismo sea realmente una religión mundial ayuda a explicar por qué las iglesias del Mundo Mayoritario buscan ser parte de la misión global de Dios. Cada vez más, los misioneros vienen de Asia, África y Sudamérica, y no sólo de los llamados países "occidentales".

A pesar de la rica historia misionera de la iglesia cristiana - protestante, católica y ortodoxa - y de sus diversas formas de financiar a los misioneros, las agencias misioneras y las iglesias evangélicas tienden a centrarse en un único modelo de búsqueda de apoyo financiero para sus misioneros. De nuevo, llamo a esto el modelo tradicional, es decir, en el que el misionero busca su propia financiación. Quizás el relativo éxito de este modelo, en el mundo occidental, hace que parezca el mejor modelo a utilizar. Pero las agencias misioneras de tradición evangélica deben reconocer que hay otros modelos igualmente eficaces.

Conozco a un misionero marfileño que trabaja para una agencia misionera con sede en EE. UU, y esa agencia le ha prohibido utilizar cualquier otro modelo para buscar apoyo financiero; él tiene que utilizar este modelo tradicional en el que tiene que ir de iglesia en iglesia y de persona en persona para pedir una contribución continua a su financiación. Él, incluso, habló con algunos de sus líderes para argumentar que otros modelos serían más eficaces en África, pero se negaron a cambiar su enfoque de la financiación de las misiones. Al menos, mi amigo tiene la ventaja de ocupar un puesto de liderazgo en su organización, lo que significa que viaja a Estados Unidos, de vez en cuando, para reuniones y luego visita a nuevos conocidos para hablarles de su necesidad de sustento. La mayoría de sus colegas africanos no tienen esa oportunidad.

Desgraciadamente, el modelo de financiación tradicional tiene el potencial de afectar negativamente a los trabajadores misioneros de todo el mundo. Según las observaciones del pastor Muriu, este modelo impide que muchas personas obtengan una financiación adecuada de las misiones, porque su posición social les impide conocer a suficientes personas con ingresos disponibles para contribuir a su ministerio de esta manera. Y estas personas no tienen ingresos disponibles porque la economía de su país no es próspera ni estable.

Las consecuencias de esta situación son, que la mano de obra misionera en nuestro mundo corre el riesgo de ser exclusivamente blanca – lo cual no refleja de manera apropiada el cuerpo de Cristo y corre el riesgo de comunicar que el cristianismo *no* es para todas las culturas y pueblos del mundo.

El modelo tradicional de financiación de las misiones también asusta a muchos cristianos que se preguntan si deberían considerar ser misioneros. Esto es cierto no sólo en el Mundo Mayoritario, sino también en los países occidentales. Las generaciones más jóvenes se resisten a la idea de "mendigar" su ayuda económica mensual. Aunque este miedo a recaudar apoyo financiero no está justificado bíblicamente, es una impresión generalizada entre los hijos de misioneros. Y si esto causa temor entre los hijos de misioneros occidentales, con mayor razón lo causa entre los jóvenes cristianos del Mundo Mayoritario, que no se atreven a experimentar este modelo.

Esto nos lleva a la pregunta básica de este libro: Aparte del llamado modelo "tradicional", ¿qué otros modelos de apoyo financiero misionero podrían ser más apropiados y adecuados para las agencias misioneras y las iglesias evangélicas de los países del Mundo Mayoritario?

Como se mencionó anteriormente, el modelo tradicional de recaudación de fondos requiere que, los propios misioneros, vayan de iglesia en iglesia o de persona en persona para solicitar algún tipo de colaboración financiera regular. Este modelo en el siglo XIX, cuando surgieron varias agencias misioneras "paraeclesiásticas", como la *China Inland Mission* (actualmente *Overseas Missionary Fellowship*) y la *Worldwide Evangelization Crusade* fundada en Inglaterra, la *Sudan Interior Mission*, fundada en Canadá, y muchas otras posteriores. Dado que estas agencias misioneras no estaban vinculadas a ninguna denominación cristiana, tal vez fuera más lógico que sus miembros viajaran de iglesia en iglesia para encontrar su apoyo financiero.

Hoy, sin embargo, con la proliferación de agencias misioneras y asociaciones paraeclesiásticas y la disminución del número de iglesias que toman la Biblia en serio en este tema, este modelo corre el riesgo de inundar las iglesias de tradición evangélica con sus crecientes demandas.

Pero, ¿existen otros modelos?

La respuesta a esta pregunta es sí, y el objetivo general de este libro es identificar y analizar los otros modelos de apoyo financiero a la misión global que las agencias misioneras e iglesias evangélicas del Mundo Mayoritario han utilizado. Espero facilitar la participación de la iglesia del Mundo Mayoritario en la misión global, enumerando estos otros modelos de financiación y así ayudar a las iglesias a ver que existen posibilidades más adecuadas a su contexto. Los nuevos modelos que se adapten mejor a la situación en la que se encuentra la iglesia del Mundo Mayoritário proporcionarán una financiación más adecuada para la misión global, porque, está claro que, existen ciertas deficiencias en el ámbito de la financiación de la misión en las iglesias evangélicas. Al mismo tiempo, la iglesia occidental hará bien en aprender de estos modelos que la iglesia del Mundo Mayoritário ya está utilizando.

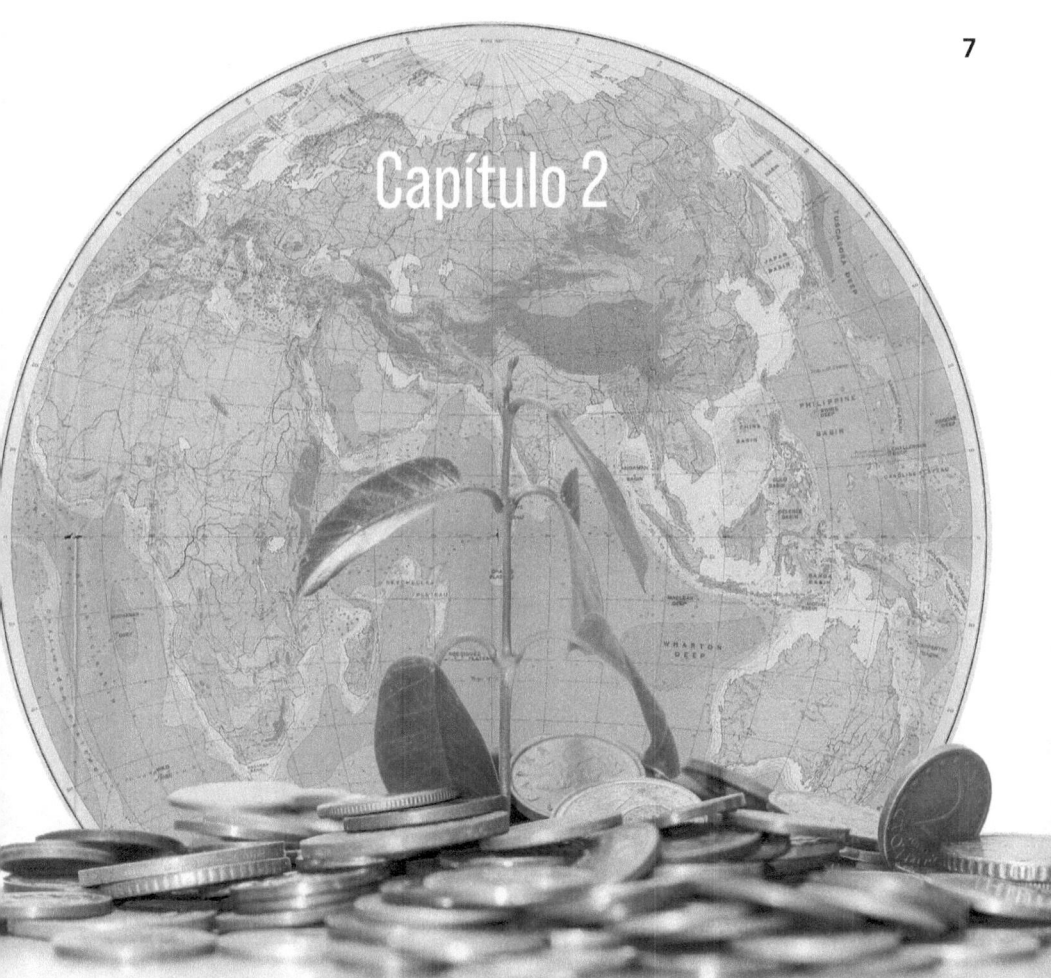

Capítulo 2

Financiación de las misiones en el pasado y en el presente

Antes de intentar resolver un problema, primero tenemos que entender el contexto. De lo contrario, corremos el riesgo de crear otros problemas con la solución que propongamos. En este capítulo examinaré la historia de la financiación de las misiones para entonces, centrarme en la situación actual de las iglesias del Mundo Mayoritario. Luego, en capítulos posteriores, exploraré algunas propuestas de solución.

La Iglesia cristiana ha enviado misioneros desde el principio de su existencia. Hechos 13 relata cómo los apóstoles Bernabé y Saulo/Pablo fueron enviados por la iglesia de Antioquía. Y aun antes, en Hechos 11, vemos que "hombres de Chipre y Cirene" (v. 20) fueron enviados como misioneros a Antioquía. Sin embargo, estos textos no explican los medios utilizados para financiar estos diversos viajes. Más tarde, queda claro que el apóstol Pablo a veces vivía a sus expensas, trabajando "día y noche" como hacedor de tiendas "para no ser una carga para nadie" (1 Tes 2:9), es decir, para no sobrecargar a quienes quería llegar con el mensaje del evangelio.

Al mismo tiempo, algunas iglesias locales habían decidido apoyar a quienes dejaban sus hogares para servir como evangelistas y misioneros (véase, por ejemplo, Fil 4:15, 16;3 Juan 5-8). A veces, las iglesias que Pablo había fundado le ayudaban económicamente (véase 2 Cor 11:8, 9; Fil 4:10-20), y algunas veces, una iglesia que Pablo aún no había visitado le ayudaba con su misión (véase Rom 15:24). En el capítulo 8 se darán más detalles sobre estos puntos. Pero, en general, parece que a veces las iglesias locales financiaban a los que dejaban sus hogares para servir como misioneros y otras veces, los propios misioneros cubrían sus necesidades materiales trabajando en el campo misionero.

En los siglos I y II d.C., la iglesia seguía planteándose la cuestión de cómo apoyar a los que viajaban para difundir el mensaje del Evangelio. La *Didaché*, un libro de instrucción cristiana escrito en esa época, enseñaba que un apóstol o profeta que pedía dinero era un farsante; si pedía algo más que pan para el viaje o un alojamiento superior a dos días era un falso profeta (véase la Didaché, capítulo XI, versículos 5 y 6). Esto demuestra que la iglesia de la época no visualizaba viajes misioneros lejanos, a pesar de la evidencia bíblica de que el apóstol Pablo realizó este tipo de viajes en varias ocasiones.

Sin embargo, es muy interesante observar que la *Didaché* decía que los cristianos deberían ofrecer las primicias de sus productos agrícolas y ganado a los profetas, "pues ellos son vuestros sumos sacerdotes. Pero si no tenéis profeta, dadlo a los pobres" (capítulo XIII, versículos 3 y 4). Esta enseñanza podría indicar que la iglesia de la época destacaba la importancia de la misión, incluso a costa de los pobres, y aunque esta misión fuera más o menos local. La atención a las necesidades materiales de los siervos de Dios seguía siendo una parte importante de la iglesia primitiva, a pesar de que otros líderes influyentes - como Lactancio de África del Norte y más tarde Basilio de Cesarea - enseñaban que los creyentes sólo debían dar de lo que les sobraba para satisfacer las necesidades legítimas de los pobres o de los profetas (González 2002).

Con el emperador Teodosio estableciendo el cristianismo como religión del Imperio Romano en el año 380, la iglesia se apropió cada vez más de su poder y riqueza para las misiones, pero la mundanalidad también se introdujo en el uso del dinero. Algunos obispos, como Wulfila (también llamado Ulfilas), salieron a evangelizar a las tribus germánicas. Siendo él mismo godo, el "vigoroso evangelismo de Wulfila tuvo demasiado éxito, y él y muchos de los suyos acabaron por formar un enclave godo dentro del Imperio [romano]" (Walls 1996, 38).

Sin embargo, muchos cristianos decidieron huir de la influencia mundana que existía en el imperio, y de ahí nació el monacato. Con el tiempo se establecieron monasterios, convirtiéndose en centros tanto de piedad como de educación. No es de extrañar que estos lugares se convirtieran, más tarde, en la cuna de la misión durante muchos siglos. En el siglo V, el monje inglés Patricio, evangelizó al pueblo celta en Irlanda y posteriormente fundó allí un gran número de monasterios. Jules-Marcel Nicole (1972) afirma que los monasterios irlandeses eran centros de cultura, piedad y actividad misionera. Irlanda se convirtió en la base para evangelizar a la Gran Bretaña (Inglaterra, Escocia, Gales). Más tarde, los monjes irlandeses y británicos evangelizaron al continente europeo y establecieron monasterios en Alemania, Suiza y el norte de Italia. Estos monasterios se convirtieron en centros de evangelización y educación.

Durante este mismo periodo, la Iglesia Católica Romana utilizó diversas órdenes religiosas para ganar a otros para la fe. Benito de Nursia, por ejemplo, fundó un movimiento monástico; y sus seguidores, que fueron llamados benedictinos, salieron a evangelizar. Con el tiempo se extendieron por toda Europa occidental. En el 596, el Papa Gregorio I, envió unos cuarenta monjes benedictinos a Inglaterra bajo el liderazgo del sacerdote Agustín de Canterbury, quien logró convertir al rey Ethelberto. La Iglesia Católica disponía de fondos para financiar a estas misiones evangelizadoras, y los papas recurrían a las órdenes religiosas para enviar a sus miembros a tierras extranjeras.

Una vez establecida, la orden solía seguir la regla *ora et labora* ("ora y trabaja") (Ravitz 2010, párr. 4). Aunque algunas órdenes religiosas siguieron más tarde el ejemplo de la Iglesia Católica y cayeron en la mundanidad, nacieron nuevas órdenes, como los cistercienses, los agustinos, los dominicos y los franciscanos. Ellos siguieron el mismo modelo en cuanto a la financiación de la misión; y los tres últimos grupos mencionados, como órdenes mendicantes, utilizaban la mendicidad para aumentar sus ingresos.

A partir de la Reforma, la misión mundial se descuidó más o menos durante dos siglos, al menos por parte de los protestantes. En el siglo XVIII los moravos, que vivían en la actual Chequia, enviaron misioneros a las islas del Caribe. Como los moravos representaban un movimiento evangélico bastante pequeño, estos misioneros salieron como "hacedores de tiendas". Una vez llegados al Nuevo Mundo, tuvieron que buscar o crear trabajo para alimentarse y cubrir sus necesidades diarias. Más tarde, algunos moravos fueron a residir a la colonia inglesa de Pensilvania, donde su "economía agrícola e industrial" era bien conocida *(Moravian Church in America 2018, párr. 12)*. Su labor beneficiaba a la población local, a la que predicaban el Evangelio. Este modelo también fue utilizado por la *Massachusetts Bay Colony* y la *Basel Mission Trading Company* (Steffen y Barnett 2006).

Esto confirma lo que Dennis Bakke ha dicho sobre el trabajo: "Las empresas y otros trabajos seculares son a la vez una misión... y un campo de misión" (Bakke 2005, 275). Así, durante más de mil años, la financiación de la misión, tal y como la practicaban las órdenes religiosas de la Iglesia Católica o los grupos Protestantes, se basaba en el trabajo realizado por los misioneros en el campo. No es sorprendente, por tanto, leer la conclusión de David Bjork a este respecto de que "la financiación de misioneros 'a tiempo completo' es, de hecho, una anomalía histórica" (Bjork 2015, 36) y que la iglesia necesita reevaluar el valor de los misioneros laicos para comprender mejor tanto el propósito como la financiación de la misión.

Esto nos lleva a la "era moderna de la misión mundial" mencionada anteriormente. En 1793, William Carey fue a la India como misionero. Algunas iglesias de la época no valoraban la misión, creyendo que la elección de Dios la hacía innecesaria o incluso contraria a la voluntad de Dios. Por ello, no accedieron a financiar tal expedición misionera.

Así que Carey trabajó *in situ* en la India, primero en una fábrica de añil y más tarde como profesor (Johnson 2014). Pero su tratado titulado *"An Enquiry into the Obligations of Christians to Use Means for the Conversion of the Heathens"* (lit. "Una indagación sobre las obligaciones de los cristianos de emplear medios para la conversión de los paganos") fue ampliamente distribuido, lanzando esencialmente el movimiento misionero en Inglaterra a finales del siglo XVIII. Carey hablaba del uso de medios financieros para lograr este objetivo.

Andrew Walls (1996, 246) comenta:

> Es significativo que Carey - un hombre de provincia y de condición humilde - tome su analogía del comercio; organizar una sociedad [misionera] es algo así como constituir una empresa. Él está buscando los medios apropiados para llevar a cabo una tarea que no puede realizarse a través de la maquinaria habitual de la iglesia.

Aunque el propio Carey no recibió muchos fondos por esta vía, su idea de este nuevo modelo alteró innegablemente el futuro de la misión global. El misiólogo Timothy Tennent (2010, 261) sostiene que Carey, el "padre" de la misión moderna, basó su pensamiento en un modelo empresarial:

> Carey, como protestante que rechazaba las formas católicas y monásticas sobre las misiones, no tenía estructuras eclesiásticas a las que acudir en busca de orientación. Así que, propuso una sociedad misionera basada, en gran medida, en el modelo de las sociedades mercantiles seculares, que se organizaban con fines comerciales.

Dos agencias misioneras, la *Church Missionary Society* (formada por la rama evangélica de la Iglesia Anglicana) y la *London Missionary Society* (formada por la rama evangélica *Church of England Dissidents*), siguieron el modelo de la estructura propuesta por Carey. Además, en 1810 se creó una agencia misionera estadounidense, la *American Board of Commissioners for Foreign Mission*, que seguía el mismo modelo empresarial que sus "organizaciones hermanas" al otro lado del Atlántico. Según Courtney Anderson (1987, 67) algunos miembros clave de la Iglesia Congregacionalista determinaron que:

Si una misión en el extranjero iba a ser algo más que una esperanza piadosa, había que formar una organización misionera en el extranjero para popularizar la idea, recaudar dinero, desembolsarlo, seleccionar misioneros, asignarlos a lugares de trabajo, apoyarlos y supervisar sus actividades.

Bessenecker concluye que el resultado fue "una corporación misionera, una versión cristiana de la empresa comercial con ánimo de lucro" (2014a, loc. 413). Más adelante añade que "la corporación misionera estadounidense dependía desesperadamente de los recursos financieros de inversores externos para tener éxito" (2014a, loc. 450).

Todo esto explica brevemente cómo surgió el modelo "tradicional" de financiación de las misiones en Inglaterra y más tarde en América. Hasta el día de hoy, este modelo ha cambiado poco en la iglesia evangélica del mundo occidental. Las personas del exterior casi siempre financian a personas que abandonan el mundo occidental para convertirse en "misioneros". Estos misioneros - al menos los protestantes – generalmente se unen a la agencia de su denominación o a una agencia misionera interdenominacional, en lugar de ser enviados al extranjero por su propia congregación, aunque algunas iglesias protestantes envían ellas mismas a sus misioneros. Este modelo tradicional domina la escena Occidental actual en cuanto a financiación de la misión Protestante Evangélica.

Sin embargo, la *World Christian Database* del *Center for the Study of Global Christianity*, vinculada al Seminario Teológico *Gordon-Conwell*, estima que había 440.000 misioneros cristianos expatriados en el mundo en el 2018. Esta cifra incluye a misioneros de todas las tradiciones cristianas (Johnson, Zurlo, Hickman y Crossing 2018). Otras fuentes estiman que sólo hay 140.000 misioneros protestantes en todo el mundo (The Traveling Team, s.f.). Esto significa que hay aproximadamente 300.000 misioneros en el mundo que proceden de la Iglesia Católica, la Iglesia Ortodoxa u otra tradición cristiana. Es probable que éstos otros misioneros son apoyados económicamente por sus iglesias, ya que el modelo tradicional de búsqueda de apoyo no es practicado, a menudo, por los no protestantes. Así que, el reto de financiar a los misioneros cristianos parece ser más una cuestión protestante, y especialmente de la Iglesia Evangélica, que un reto universal para la Iglesia cristiana.

Esta panorámica, desde los tiempos bíblicos hasta nuestros días, demuestra que otros modelos de financiación misionera se han utilizado en el pasado y siguen en uso hoy en día, pero que las iglesias evangélicas tienden a optar por el modelo tradicional basado en un modelo empresarial. Al limitarse de este modo, las agencias misioneras corren ciertos riesgos, riesgos que se analizarán en el próximo capítulo, en el que se pregunta: "¿Qué está en juego?".

Capítulo 3

¿Qué está en juego?

Cada decisión que tomas tiene consecuencias. A veces estas consecuencias son afortunadas, y a veces no. En este último caso, habría sido mejor considerar las malas consecuencias antes de llegar a tu decisión; en el primer caso, sería bueno pensar en las buenas consecuencias aunque sea *a posteriori*. En lo que respecta a la financiación de las misiones, es mucho lo que está en juego, ya que de ella dependen varios aspectos de la evangelización mundial; por eso debemos meditar cuidadosamente nuestras decisiones de financiación.

Sería exagerado afirmar que la financiación de las misiones será el asunto más significativo que enfrenta el futuro del cristianismo.

Al fin y al cabo, factores como la política mundial, la economía, la tecnología e incluso el clima, influirán en el número de personas que abandonarán sus países para convertirse en misioneros. Sin embargo, esta cuestión de la financiación desempeñará un papel importante en la futura misión mundial, ya que afecta a la visión de la iglesia y los métodos de la iglesia para llegar a los dos tercios de la población mundial que aún no conocen al Señor Jesucristo. Sin una mejor respuesta a la pregunta de cómo financiar la misión, es posible que muchas personas no comprendan plenamente, o ni siquiera escuchen, el mensaje de salvación.

Una limitación del modelo tradicional de recaudación de fondos para los misioneros es que, normalmente, los fondos deben pasar primero por la iglesia local que los envía, por su oficina central, o por la agencia misionera que recauda los fondos y los distribuye a los misioneros cada mes. Este proceso funciona bien para las personas que trabajan en países abiertos a los misioneros. Pero, los países restringidos no aceptan a personas que vengan como misioneros, y a menudo, tampoco aceptan a personas financiadas por organizaciones cristianas. El rastro documental del salario de una persona así sería difícil de ocultar. Por eso, Thomas Sudyk afirma que "en estos países restringidos, *los métodos misioneros tradicionales son obsoletos*" (Yamamori y Eldred 2003, 156; el énfasis es nuestro), mientras que los modelos como el "negocio como misión" son fácilmente aceptados por las culturas de acogida.

El modelo tradicional, tanto en su estructura como en sus métodos, debilita el alcance de la misión global en el futuro, reduciendo el número de países que aceptarán a esos "trabajadores". Pero si estos trabajadores son empleados normalmente por una empresa comercial o una organización social, su fuente de ingresos no es inmediatamente sospechosa. Además, la puerta se abrirá de forma más natural para que estos obreros trabajen en un ámbito de interés social, incluso en un país restringido.

Glenn Smith nos recuerda que la misión está ligada a lo humano, que no puede disociarse de la espiritualidad, y "la espiritualidad no puede disociarse de la búsqueda de la justicia, del acompañamiento a los pobres y oprimidos o de la defensa de sus derechos" (Smith 2009, 4). La fuente de ingresos de un trabajador está vinculada a su campo de acción; desvincular una puede ampliar el otro. Es decir, un trabajador asalariado de una ONG puede tener un mayor impacto social, en una comunidad, que un misionero que no tiene el mismo acceso a estas personas porque no forma parte de una organización reconocida por la comunidad.

Un segundo motivo de preocupación es la eficacia del modelo tradicional en el Mundo Mayoritario. Si este modelo no genera fondos suficientes, el número de misioneros enviados disminuirá significativamente. Varios autores han expresado su reticencia a respecto respecto. Por ejemplo, João Mordomo de Brasil, afirma que el modelo tradicional - lo que él denomina "Modelo Misionero Profesional" (Steffen y Barnett 2006, 224), - "corre un riesgo considerable de no alcanzar nunca una masa financiera crítica" (Steffen y Barnett, 225).

Jonathan Lewis, quien ha trabajado en América Latina, afirma que: "Todavía está por demostrar que el modelo típico norteamericano y europeo de apoyo eclesiástico sea una solución para financiar el movimiento misionero argentino" (Pate 1989, 105). Numerosos autores sostienen que muchos modelos y nuevos modelos de financiación deben utilizarse para enviar, más efectivamente misioneros del mundo mayoritario, y lo vienen sosteniendo desde hace varias décadas, así como más recientemente (Clark 1971; Wong 1973; Keyes 1983; Bush 1990; Lederleitner 2010; Doyle 2015).

Aunque estas ideas alternativas se vienen expresando desde hace tiempo, el modelo tradicional sigue dominando en la mente de muchas agencias misioneras. Sin embargo, la ineficacia de este modelo podría impedir el envío de un gran número de misioneros. Por ejemplo, un misionero latino, que utiliza el seudónimo L, informa que al utilizar el modelo tradicional de recaudación de fondos, durante sus ocho años como misionero entre estudiantes universitarios, pasó solo tres años en el ministerio y cinco años buscando apoyo financiero (L 2014). Si un modelo impide que un obrero sirva durante gran parte de su tiempo debido a la falta de finanzas, puede ser el momento de cambiar de modelo.

Cabe, incluso, preguntarse si este modelo crea cierto temor entre las iglesias del Mundo Mayoritario, ya que solo ven el precio exorbitante de enviar a una familia occidental al campo misionero. En comparación con los presupuestos de estos misioneros occidentales, un pastor podría llegar a la conclusión de que su iglesia nunca encontraría una cantidad tan grande de dinero para enviar a una de sus familias al campo misionero. E incluso, si recaudaran tanto dinero, podría entonces temer que su propio salario disminuya más adelante como consecuencia de ello.

Esta situación no hace sino reforzar el espíritu de pobreza que ya está presente en el Mundo Mayoritario. Incluso, cuando una iglesia quiere participar en la misión global, se pregunta cómo puede hacerlo. Los obstáculos financieros parecen insuperables. O peor aún, a la larga, una consecuencia no deseada de que este espíritu de pobreza es el que mata la visión de la iglesia local para la misión global. Es mucho lo que está en juego en torno a la financiación de la misión. El miedo, la pobreza y la muerte de la visión global no deben ser lo que ocurra cuando hablamos de misión.

Si no se cambia el modelo utilizado en la recaudación de fondos, lo que está en juego no sólo se limitará a lo expuesto anteriormente. Otro problema será en relación a las personas que salen como misioneros - es decir, los misioneros serán predominantemente blancos de Europa y Norteamérica. El *Pew Research Center* informa que en Estados Unidos "la riqueza media de los hogares blancos es veinte veces superior a la de los hogares negros y dieciocho veces mayor que la de los hogares hispanos" (Pew Research Center 2011, 1). Un artículo similar sobre la financiación de misioneros explica que; los misioneros asiáticos son 2.5 veces más propensos que los blancos a decir que sus familias se sienten avergonzadas por tener que recaudar fondos para su manutención (Perry 2012).

Si este es el caso en los Estados Unidos, donde el modelo tradicional es ampliamente aceptado, ¿cuál es el potencial de éxito en el Mundo Mayoritario donde este modelo apenas se conoce? Eric Robinson concluye que las barreras de este modelo son insuperables para los no blancos por dos razones: "Desventajas estructurales" (Robinson 2014a, párr. 7) y "barreras culturales" (párr. 11). Como muestran estas citas, algunos grupos étnicos no tienen ingresos disponibles para las misiones por falta de medios, y otros no aceptan fácilmente el modelo tradicional, que, en su opinión, es demasiado similar a mendigar.

Así pues, este modelo favorece a los misioneros blancos, y tal resultado obstaculiza la eficacia de la misión mundial. Scott

Bessenecker está de acuerdo cuando hace la pregunta: "¿Hay algo en la forma en que se configura la misión protestante que facilita la entrada a los blancos y la dificulta a los demás?". (Bessenecker 2014a, loc. 254). Incluso en Corea del Sur, un país económicamente avanzado, Steve SangCheol Moon afirma que es muy difícil para los nuevos misioneros movilizar el apoyo financiero necesario. Su conclusión: "El futuro de la financiación coreana no parece prometedor" (Moon 2013, 142).

Otra conclusión es que el modelo tradicional fomenta el individualismo. El misionero es responsable de su propia recaudación de fondos, y la iglesia local de algunos misioneros casi no desempeña ningún papel en su envío al extranjero. Con demasiada frecuencia este modelo hace hincapié en la relación entre la agencia misionera y el individuo que va al campo misionero; la iglesia local queda al margen. Robinson (2014b, párr. 19) dice:

> Tenemos que preguntarnos si el paradigma de "cada uno por su cuenta" de apoyo personal es realmente compatible con las relaciones compartidas que vemos modeladas en la Divinidad o, incluso, en la descripción de Pablo de la iglesia como los miembros interdependientes del cuerpo de Cristo.

En todas partes de la Biblia vemos un mayor énfasis en la comunidad que en el individuo, y esto también es cierto en muchas culturas del Mundo Mayoritario. Sin embargo, el modelo tradicional de recaudación de fondos tiende a ir en contra de este principio comunitario. Pone más énfasis en la independencia que en la interdependencia, más en el individuo que en la comunidad. Bessenecker es aún más negativo respecto a esta tendencia, al afirmar: "La interdependencia es la visión principal de las relaciones humanas. ... La independencia es un grotesco mal funcionamiento de nuestro diseño" (Bessenecker 2014a, loc. 2509).

Así pues, hay mucho en juego: Los países restringidos que rechazan a los misioneros también pueden rechazar a los que quieren entrar como "laicos" debido a su método de financiación, lo que no solo reduce el número de países que aceptan trabajadores para el Señor, sino que también limitan el beneficio social o económico que pueden ofrecer. Un segundo desafío es que, debido al modelo tradicional de recaudación de fondos, el número de misioneros enviados puede disminuir debido a la falta de recursos financieros resultante de este método.

Este modelo es cada vez menos eficaz en el Mundo Occidental, según Bessenecker (2014a), y es probable que lo sea aún menos en el Mundo Mayoritario. En tercer lugar, el impacto de este modelo en la iglesia en el Mundo Mayoritario se está volviendo peligroso. El miedo y el espíritu de pobreza pueden acabar con la visión de la iglesia. En cuarto lugar, el mensaje del Evangelio corre el riesgo de ser malinterpretado si los mensajeros son predominantemente blancos. Este ya es el caso en África, donde muchos africanos, especialmente musulmanes, creen que el cristianismo es una religión de blancos.

La etnia de los misioneros influye en el impacto de la misión; y si los modelos permitieran que más personas del Mundo Mayoritario se convirtieran en mensajeros, esto influiría positivamente en el mensaje. Así pues, el propio mensaje está en juego. Y quinto, si una estrategia individualista es eficaz para encontrar apoyo financiero, como ocurre con el modelo tradicional, los misioneros se verán tentados a pensar que esa misma estrategia dará frutos en el campo misionero. El trabajo en equipo y lo que significa ser un líder cristiano son dos áreas que probablemente sufran las consecuencias de este modelo que enfatiza el individualismo.

Todos estos factores, juntos, hacen que este tema de la financiación de las misiones sea bastante crítico para el futuro de la misión global, aunque en este debate no se han incluido otros factores importantes. Habrá mucho en juego si no se resuelve esta cuestión de los modelos financieros apropiados. Pero si las iglesias evangélicas del Mundo Mayoritario pueden centrarse más en los medios apropiados de financiación de la misión, tendrán la oportunidad de contribuir más eficaz y fielmente a la misión mundial. La Iglesia Occidental puede aprender del Mundo Mayoritario a la hora de preguntarse si existen modelos más apropiados a utilizar, aunque no se abandone el modelo tradicional. Los líderes del Mundo Mayoritario participarán aún más con Dios en su misión, y es este tema el que examinaremos en el capítulo 5, tras un breve análisis del modelo tradicional en el capítulo 4.

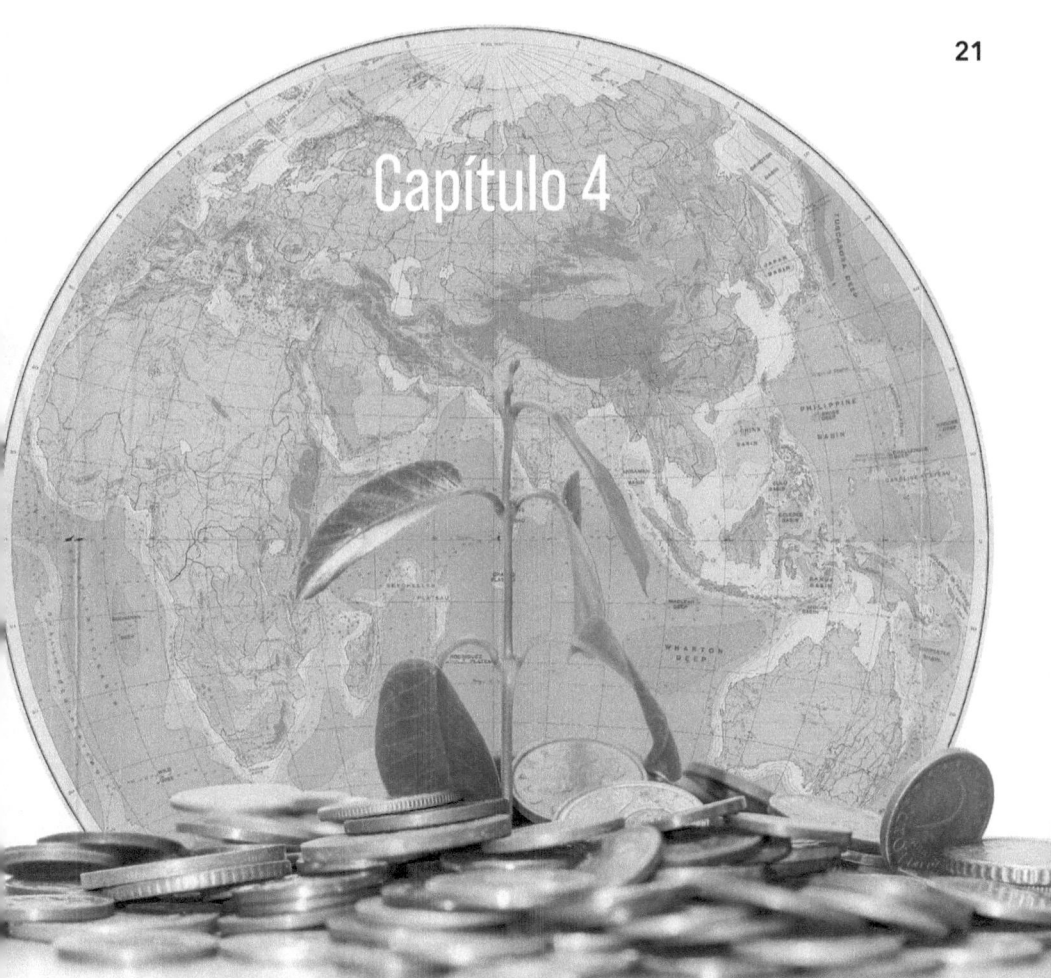

Capítulo 4

Financiación de misiones 1.0 - pros y contras

El modelo tradicional, en el que el misionero busca su propio apoyo financiero encontrando patrocinadores en iglesias, amigos y familiares, ha predominado en el medio evangélico durante más de doscientos años. Aunque existen y deben utilizarse otros modelos válidos, éste no debe abandonarse. Su mayor ventaja es que produce un fuerte vínculo entre el misionero y el donante, y el resultado es un mayor apoyo espiritual (especialmente a través de la oración) de los que contribuyen financieramente a diferencia de los que no lo hacen, porque los primeros están más "involucrados" en el ministerio.

Es evidente que, gran parte de la literatura sobre financiación de misioneros habla de este modelo tradicional de recaudación de fondos. Estos libros explican la importancia de las relaciones personales en las conversaciones con posibles donantes, o la base bíblica para pedir a otros que participen en un ministerio, o, incluso, métodos para presentar el presupuesto total de la misión y cómo alcanzarlo. Por supuesto, todos hablan de la importancia de la oración y la perseverancia. Docenas de libros tratan éstos diferentes aspectos de la búsqueda de apoyo financiero cuando un individuo o una familia se embarca en una misión.

Pero muy pocos libros o artículos hablan de modelos más apropiados para el Mundo Mayoritario. Aparte de los libros que tratan de los que quieren ser hacedores de tiendas o ejercer su profesión en el extranjero, en la literatura se da a entender que el misionero buscará su financiación necesaria antes de salir al campo de misión.

Yo llamo a este enfoque tradicional, Financiación de Misiones 1.0. Un ejemplo típico de este tipo de libro es "*Funding Your Ministry: A Field Guide for Raising Personal Support*" (en español: Financiando Tu Ministerio: Una Guía Bíblica a Fondo para Recaudar Apoyo Personal) (2017) de Scott Morton. Este libro cubre los principios bíblicos para la recaudación de fondos; cómo desarrollar una estrategia de recaudación de fondos; cómo pedir una contribución por teléfono, cara a cara, o frente a una iglesia; la importancia de una buena relación con el donante; cómo escribir cartas de oración interesantes; el manejo adecuado del dinero recibido, etc.

Además, Morton tiene un blog en el que habla de temas como la recaudación de fondos de fin de año, pedir cantidades concretas, acercarse a antiguos donantes y otros temas similares. En otras palabras, todas sus ideas giran en torno al principio de que los misioneros deben encargarse ellos mismos de la recaudación de fondos. Es cierto que en la tercera edición de su libro, Morton reconoce que estas prácticas deben "modificarse para adaptarse a cada situación" (Morton 2017, xi), incluidas otras culturas, pero sigue centrándose en el modelo tradicional en el que el misionero es responsable de encontrar los fondos necesarios para su ministerio.

Para ser justos con Morton, también escribió un libro titulado "*Blindspots: Leading Your Team & Ministry to Full Funding*" (lit. "Puntos ciegos: Liderando a tu equipo y ministerio hacia la financiación completa"). En él, habla de otros modelos para recaudar fondos, como el negocio como misión, el "hacedor de tiendas", tener a un cónyuge trabajando, vivir de las propias inversiones y trabajar con una misión o iglesia que garantice un salario. También aborda algunas de las desventajas de la recaudación de fondos personales, como el tiempo que la recaudación de fondos resta al ministerio, el hecho de que los donantes de culturas sin un historial de apoyo mensual a menudo sólo hacen una sola donación o nada en absoluto, y cómo el personal de entornos no evangélicos tiene dificultades para crear una gran lista de correo de posibles donantes. Morton no ignora los problemas que puede plantear la recaudación individual de fondos. Sin embargo, no entra en detalles sobre la mejor manera de encontrar soluciones a esos problemas. Él concluye (2016 loc. 1359) diciendo que anima a los misioneros a preguntarse objetivamente:

> En mi contexto, ¿qué método de financiación hace avanzar mejor el Evangelio? Su comodidad no es el asunto. Su preferencia en la recaudación de fondos no es la cuestión. El factor decisivo es: ¿Qué hace avanzar más el evangelio?

Este libro tiene la intención de encontrar respuestas adecuadas a esa pregunta para misioneros del Mundo Mayoritario. Lo más probable es que los misioneros encuentren varias respuestas, y no sólo una que mejor se adapte a su situación.

Curiosamente, David Clines (2006), que sirvió en Honduras, propuso que el modelo tradicional se utilice *más a menudo* en la recaudación de fondos en su iglesia. Él provenía de una iglesia en la que toda la denominación buscaba fondos para misioneros a través de ofrendas especiales. Pero, en su opinión, esta práctica descuidaba el aspecto relacional que era tan prevalente e importante en las iglesias de América Latina, y por eso prefería el modelo tradicional.

Aun, reconociendo la veracidad de su observación, cabe añadir que esto sería especialmente cierto para los países latinoamericanos que son suficientemente ricos, lo que no es el caso en todas partes y ni siquiera lo es realmente Honduras. Otros modelos tendrán su lugar, como autores latinoamericanos y angloamericanos (L 2014; Otaola 2014; Robinson 2014b) hablan de la dificultad de los misioneros latinoamericanos para encontrar fondos en Estados Unidos usando este modelo.

Algunos autores van más allá del modelo tradicional y proponen otras soluciones a los problemas de financiación de las misiones. George Verwer, director de Operación Movilización, habla de otros modelos de financiación, al tiempo que sostiene que el modelo tradicional puede continuar y que quienes opten por él, deben "esperar ser financiados voluntaria y alegremente por individuos e iglesias, sin vergüenza y con el sentimiento de que, como obreros en la obra de Dios, son dignos de su salario" (Verwer 2000, 119). El enfoque de Verwer es más amplio que el de Morton, porque propone la adopción de varios modelos al mismo tiempo, en lugar de centrarse en uno solo a expensas de los demás. Esta perspectiva es más prometedora en lo que respecta al futuro de la misión global y a la cuestión de la financiación de las misiones.

Aunque muchos autores consideran que el modelo tradicional tiene puntos débiles, pocos autores lo han criticado abiertamente. Pero, con el tiempo, esto está empezando a cambiar. Paul Borthwick, tras exponer los criterios financieros necesarios para que este modelo tenga éxito, afirma claramente: "El [Mundo Mayoritario] no puede costear este modelo" (Borthwick 2012, 172)

João Mordomo (Steffen y Barnett, 2006), cree que este modelo no produce los resultados deseados en los países que forman parte del movimiento misionero emergente. Y, Scott Bessenecker (2014a) es quizás el más decidido de los críticos al decir que; este modelo se basa en una historia mucho más comercial y secular que "misional" y bíblica, un modelo creado en un contexto occidental que no se aplica bien a la situación global.

Bessenecker se opone, sobre todo, al modelo tradicional porque sostiene que, en general, este modelo no es "bíblico" ni teológicamente fiel. Ve en él elementos comerciales y culturales; sostiene que este modelo se basa en la independencia en lugar de la interdependencia bíblica. Respeto su punto de vista. Sin embargo, las opiniones están bastante divididas en cuanto a lo que es verdaderamente "bíblico" en el mundo de las finanzas misioneras. Por ejemplo, Scott Morton (2017) es un firme defensor del modelo tradicional y utiliza principios bíblicos para explicarlo a los demás.

Verwer (2000), quien es un director de misión, habla de otros modelos además del tradicional, sugiriendo que acepta el modelo tradicional como suficientemente "bíblico". David Bjork (2015), habla en contra del modelo tradicional por no ser bíblico, pero por razones distintas a las que Bessenecker da. Bessenecker, acepta la idea de que una persona puede ser misionera "a tiempo completo", pero prefiere utilizar otros modelos de financiación de las misiones. Bjork, en cambio, no acepta la idea de que un misionero "a tiempo completo" sea un modelo esencialmente bíblico.

Debido a tal diversidad de puntos de vista sobre lo que es "bíblico" y lo que no lo es, he optado por no entrar en este debate, prefiriendo, más bien, discutir cada modelo en términos de su utilidad. Por supuesto, no estamos tratando con prácticas que son claramente antibíblicas, como el robo de bancos como modelo de financiación misionera. Pero, aparte de esta reserva, no entraré en el debate sobre qué modelos son más "bíblicos" que otros.

Bessenecker, Bjork y Robinson, son los tres autores que cuestionan el modelo tradicional con la mayor inteligencia y rigor. Examinan con bastante meticulosidad el lado negativo del modelo tradicional, especialmente con respecto a los misioneros que proceden de minorías étnicas. No dudan en pensar desde una nueva perspectiva. Bessenecker, en particular, plantea preguntas pertinentes sobre el papel cultural e histórico del modelo tradicional. Él dice (2014a loc. 3032-40) que le gustaría que nuestro mundo se pareciera al mundo del Nuevo Testamento:

> Un mundo en el que los prisioneros y las prostitutas, los parias y los oprimidos ocupen los puestos de honor. Éstos son los nuevos arquitectos del cristianismo. Son los expertos en el centro del Reino de Dios, y viven y trabajan en el fulcro de la iglesia del siglo XXI. Seríamos tontos si no los invitáramos a que nos ayuden en el proceso de deshacer el complejo industrial y reconstruir la antigua y más ligera forma de iglesia y misión.
>
> Es hora de que la Iglesia Protestante y su misión le den la vuelta a la visión corporativa del mundo que ha mantenido secuestrada nuestra imaginación. Es hora de replantear una misión diseñada para el siglo XXI. Y aunque las nuevas

estructuras y los nuevos trabajadores de los márgenes, ciertamente, tendrán sus propias limitaciones y lentes culturales, deben convertirse en co-creadores de una nueva temporada de misión.

Bjork comienza su argumentación con la gran conferencia misionera internacional que tuvo lugar en Edimburgo, Escocia, en 1910, en donde los organizadores querían movilizar a los misioneros "de tiempo completo" a expensas de los misioneros "laicos". Examina varios textos del Nuevo Testamento para demostrar que la práctica misionera "normal" de Pablo, era mantenerse económicamente a sí mismo. Como resultado de su estudio, concluye que "el modelo misionero que hemos adoptado desde Edimburgo, y que siguen las iglesias del hemisferio sur, es en gran medida defectuoso" (Bjork 2015, 36).

Robinson (2014c), dice que los hombres de Chipre y Cirene en Hechos 11 fueron pioneros en compartir el Evangelio con los no judíos. Estos hombres minoritarios y biculturales sirvieron de puente entre culturas porque estaban acostumbrados a hacerlo. El Espíritu de Dios los usó para guiar a la iglesia hacia una nueva era, una en la que la gente estaba pasando de una secta judía a "cristianos" por primera vez. Robinson dice que el Espíritu quiere hacer lo mismo de nuevo, usando minorías étnicas biculturales como puente entre el antiguo y el nuevo contexto de movilización para la misión.

Basándose en las Escrituras, estos autores muestran que lo que funciona para una cultura no tiene por qué exportarse a otras culturas. La iglesia, en cada época, debe reevaluar los métodos a utilizar, tanto en la iglesia como en la misión. Estos seis autores mencionados - Verwer, Borthwick, Mordomo, Bessenecker, Bjork, y Robinson - expresan esta verdad muy claramente. Podemos basarnos en su ejemplo, y el capítulo 6 nos dará algunas ideas para empezar. Pero antes de llegar ahí, examinaremos algunas modificaciones que podrían introducirse en el modelo tradicional.

Capítulo 5

Modificar la tradición

Aunque el modelo tradicional tenga suficientes aspectos positivos como para merecer que se siga utilizando, su aplicación puede modificarse. He aquí *tres* maneras de poner en práctica este modelo en una iglesia local. Y también puede haber otras variantes de esas formas.

1) Después de haber sido solicitada por una agencia misionera o un misionero, la iglesia local puede crear una línea de presupuesto para la misión, y una agencia o misionero específico puede, efectivamente, beneficiarse de ese presupuesto. La ventaja de este enfoque es que el beneficiario sabe de antemano cuánto dinero recibirá cada mes o trimestre. Además, está más en consonancia con las expectativas de los

pastores, que al parecer prefieren que el misionero reciba un ingreso regular en lugar de buscar su apoyo por su cuenta (Welch 2019).

El pastor Meshak Rurangwa afirma que, todos los años, su iglesia Good Shepherd de Nairobi, Kenia, "presupuesta para misiones y contribuye con parte de la ofrenda normal para ese fin" (AfriGo junio 2022, 7). Si tan sólo más iglesias siguieran este ejemplo, sería un gran estímulo para la misión global en el Mundo Mayoritario.

Una desventaja, sin embargo, es que este método tiende a "ocultar" la misión a los miembros de la iglesia local, ya que los gastos presupuestarios rara vez se discuten desde el púlpito. Si una iglesia adopta este método de financiación de la misión, será necesario comunicarlo claramente para que la congregación sepa a quién apoya la iglesia y en qué consisten sus ministerios, aunque las cifras reales de apoyo sigan siendo confidenciales y sólo se comunique la parte global del presupuesto destinado a la misión. De lo contrario, los miembros de la congregación ni siquiera serán conscientes del compromiso misionero de su propia iglesia.

2) Una iglesia local puede hacer una donación regular a un misionero o a una agencia misionera, pero esta donación puede quedar fuera del presupuesto de la iglesia si procede de una ofrenda especial cada trimestre o de una actividad generadora de ingresos. Algunas iglesias prefieren este enfoque porque los fondos donados a la misión quedan fuera del presupuesto y no afectan, al menos en teoría, a los diezmos y ofrendas habituales que recibe la iglesia local.

La desventaja de este enfoque es que los misioneros receptores nunca saben cuánto dinero se recaudará cada vez, lo que les dificulta establecer sus propios presupuestos. Pero, dependiendo de la iglesia local, a veces este tipo de ofrendas son más generosas que una partida presupuestaria, ya que se "ocultan" menos a los miembros de la iglesia. Normalmente, los resultados de tales ofrendas especiales se anuncian públicamente. También, hay que tener en cuenta que, la relación personal entre un misionero y una iglesia local es importante en estos casos, y eso le importa a mucha gente en el Mundo Mayoritario. Cuanto más conocido sea el misionero, mayor será la ofrenda especial para su ministerio.

3) Existe una variación de estos dos enfoques, cuando una agencia misionera se acerca a una confesión eclesiástica y establece una buena relación con ella. La iglesia se compromete a apoyar a una

serie de misioneros o proyectos de la agencia misionera durante un determinado período de tiempo. Esto puede hacerse incluyendo la misión en el presupuesto, o mediante ofrendas fuera del presupuesto.

Este enfoque es bastante popular en Nigeria, según las conversaciones mantenidas con Reuben Ezemadu, que ha empleado esta estrategia para la Christian Missionary Foundation. A menudo, el responsable de una agencia misionera acude a un servicio religioso para hablar de los diversos ministerios que lleva a cabo su misión. El resultado es que se reciben fondos tanto para los misioneros como para los gastos de funcionamiento de la agencia.

En los tres casos mencionados, es el misionero o la agencia misionera quien inicia el contacto con la iglesia local o su administración confesional. La responsabilidad de la recaudación de fondos sigue recayendo en el receptor de los mismos. Y es precisamente este aspecto del modelo tradicional el que crea un problema para muchos misioneros en el Mundo Mayoritario, porque es culturalmente incorrecto pedir dinero para uno mismo. Así pues, algunas modificaciones de este modelo podrían hacerlo más práctico para los misioneros del Mundo Mayoritario.

Una tercera parte

Cuando se utiliza el modelo tradicional, un tercero podría buscar apoyo financiero en nombre del misionero. Por ejemplo, un líder del campo misionero podría enviar cartas o correos electrónicos, hacer llamadas telefónicas o preparar una videoconferencia en nombre del misionero que vendrá a ese campo; o el líder de campo de una agencia misionera podría visitar algunas iglesias en el país de origen del misionero o incluso, en otro lugar para presentar las necesidades financieras del misionero; o un pastor que conoce bastante bien al candidato a misionero podría hablar con otros pastores en nombre del mismo, abriendo la puerta a otras iglesias locales. El apóstol Pablo abogaba, a menudo, en nombre de sus compañeros (véase, por ejemplo, Rom 16:2; 1 Cor 16:11; Tito 3:13, 14). La ventaja de este enfoque sobre el modelo tradicional es que el misionero evita la impresión de ser egoísta o de mendigar, ya que no está pidiendo fondos para sí mismo.

También, es posible que los amigos que asisten a otra iglesia pregunten a sus pastores si su amigo, que es candidato a misionero, podría venir a presentar su ministerio a la iglesia local. En caso afirmativo, los amigos deberían ponerse de acuerdo para presentar, a la iglesia, el componente financiero a favor del candidato a misionero. De esa manera, el misionero evita pedir directamente dinero para sí mismo.

El uso de un tercero, a favor de los misioneros, es una práctica bastante común en las iglesias evangélicas del Mundo Mayoritario. Mi investigación muestra que el 75 por ciento de las agencias misioneras informan que sus misioneros tienen tales "defensores" o "partes interesadas" (Welch 2019). Esto es muy práctico, porque no todo el trabajo de recaudación de fondos recae en una sola persona. Además, estos defensores de terceros pueden convertirse, fácilmente, en el núcleo de un grupo de inicio de misión (ver página 29) en una iglesia local, con la experiencia de abogar por un misionero.

Una misión en Etiopía estableció toda una red de movilizadores misioneros, es decir, representantes de terceros con el propósito muy específico de motivar a otros para la misión mundial. Otra misión sirvió como tercera parte, mediante la publicación de un folleto de oración por los pueblos no alcanzados que distribuye entre las iglesias evangélicas (Welch 2019, 166). Estos ejemplos muestran las ventajas de las terceras partes en la financiación de misiones en el Mundo Mayoritario, y las iglesias del Occidente harían bien en fomentar el mismo espíritu de tener terceras partes defensoras de sus misioneros.

En el 2021, una misionera de Perú, Juanita, realizó algunos eventos de recaudación de fondos a través de Zoom (debido a la pandemia de COVID-19), antes de ir a Tailandia. Ella no sólo tenía a alguien de su organización misionera hablando sobre su próximo ministerio en Tailandia, sino que también tenía a su futura profesora de lengua tailandesa uniéndose a la llamada y hablando sobre la vida en Tailandia, con alguien traduciendo al español para los oyentes.

Esta misma profesora, que todavía no es cristiana, se unió a Juanita en varias llamadas posteriores por Zoom, ya que estaba encantada de hablar sobre su país. Como resultado, los oyentes en estas diversas reuniones se entusiasmaron más porque escucharon a alguien del país de campo con quien Juanita estaría interactuando. La creatividad de Juanita para reclutar a un tercero de su campo de ministerio, resultó en un mayor número de personas que se inscribieron para unirse a su equipo de apoyo financiero y para orar por su ministerio en Tailandia.

Campañas de compromiso misionero

Tras ser contactada por un misionero, una iglesia local puede aceptar ayudar económicamente. Sin embargo, es posible que no pueda hacerlo más que con una ofrenda especial una o dos veces al año. Pero, como ya se ha dicho, esto puede dificultar la vida del misionero, ya que nunca sabrá cuánto dinero recibirá de la iglesia. Así que para remediar este problema, una iglesia local puede iniciar lo que se llama una "campaña de promesas misioneras".

En una campaña de este tipo, cada persona o familia que desee apoyar económicamente a un misionero pedirá a Dios que le ayude a saber cuánto dinero debe prometer. Luego llenarán una tarjeta o folleto para indicar la cantidad de dinero que darán, por fe, en un año, ya sea a la agencia misionera o al misionero individual. Esta es una forma eficaz de encontrar donantes regulares. Un líder de la iglesia recibirá el dinero, cada vez, y marcará cada contribución en la tarjeta de la persona o en su folleto para ayudarle a seguir su progreso hacia la promesa.

Iglesias en Etiopía, como la Iglesia Kale Heywet y la Iglesia Mekane Yesu, están utilizando este modelo con gran éxito. Estas promesas financieras se suman a los diezmos y ofrendas habituales, y este aspecto debe comunicarse claramente a la congregación. La ventaja de este enfoque sobre las ofrendas especiales, ocasionales, es que el misionero tendrá una idea de antemano de la cantidad de ayuda financiera que llegará cada mes o trimestre, suponiendo que los miembros se mantengan más o menos fieles a sus promesas.

Un "Grupo de inicio de misión"

En relación con estos conceptos está la idea de establecer un grupo de inicio de misión ("Mission start-up group - MSG en inglés) en la congregación local. Este grupo, que es diferente de un comité de evangelización, puede desempeñar un papel fundamental en la misión. Glenn Smith escribe sobre el problema de la privatización de la fe que domina tantas iglesias occidentales. Señala que un cristiano específico en una iglesia no es una persona aislada, sino una persona "dentro de una comunidad de compañeros seguidores de Jesús" (Smith 2017, 8). La iglesia local debe participar, como comunidad, en la misión de Dios.

El grupo de inicio de misión se compone de un pequeño grupo de personas que tienen un corazón para la misión, un grupo que ayuda a la iglesia local a participar en la misión de Dios en un nivel práctico. Estas personas sensibilizarán a los miembros de la iglesia sobre la misión mundial, los países y pueblos no alcanzados, los temas de oración misionera conocidos por la iglesia, las misiones denominacionales y los esfuerzos de ayuda, etc. Los miembros de este grupo mantendrán la visión misionera ante su iglesia local.

También, serán responsables de la logística del regreso de una familia misionera a su lugar de origen. Además, pueden ser útiles para recaudar fondos durante las campañas de promesas misioneras, mencionadas anteriormente, y para enviar fondos a los misioneros o a sus agencias. También, pueden utilizarse como terceros para hablar en nombre de un candidato a misionero.

Contar con un grupo de inicio de misión formado por personas entusiastas de la misión, puede cambiar por completo el ambiente de una iglesia, ayudándola a tener una visión que vaya más allá de su propia ciudad o incluso de su propio país. Estas personas, que funcionan como una "puesta en marcha de la misión" (Mission start-up en inglés), son útiles para crear una visión verdaderamente global en una iglesia local. David Clines (2006) hizo hincapié en esta idea al movilizar a los cristianos de Honduras, y Reuben Ezemadu (2005) hizo lo mismo con las iglesias de Nigeria.

Financiación por medio la diáspora

Otra modificación del modelo tradicional consiste en buscar apoyo financiero en la diáspora, es decir, en personas de un determinado país que ahora viven fuera de su país de origen. En lugar de dirigirse a una iglesia local en busca de apoyo, el misionero se dirige a un grupo de personas - a menudo en forma de asociación cultural - que viven en otro país. Si están interesadas, estas personas se comprometen económicamente a apoyar a un misionero o ministerio concreto en su país de origen.

Este tipo de financiación es más eficaz para proyectos que para el apoyo regular a un misionero, ya que, a menudo, existe el deseo de hacer algo concreto y positivo por su patria. Los cristianos suelen formar parte de estas asociaciones nacionales en el extranjero, y los misioneros pueden ponerse en contacto con ellas para colaborar en la financiación de su ministerio. No hay que olvidar que las contribuciones individuales realizadas por personas de la diáspora africana superan, en realidad, las cantidades recibidas como ayuda económica por países extranjeros para el continente africano (Fiano 2017).

Este hecho no debe ser pasado por alto por los candidatos a misioneros. Por eso, Ezemadu (2005) también lo menciona como fuente de financiación. El Dr. Sam George, de la India, ha servido como "catalizador de las diásporas" para el Comité de Lausana; y en nuestras conversaciones personales relató que, estos diferentes grupos de personas, son muy generosos a la hora de financiar diversos proyectos relacionados con la misión mundial.

Los nuevos avances en banco móvil facilitan la recaudación y el envío de fondos al extranjero. No se trata de un nuevo modelo de financiación, sino de un nuevo método de transferir fondos de una cuenta a otra, y muchas personas del Mundo Mayoritario ya lo están aprovechando. Esto permite a las personas de la diáspora enviar remesas a sus países de origen sin dificultad. Las agencias misioneras pueden aprovechar esta nueva modalidad para comunicar sus necesidades financieras, especialmente para proyectos y necesidades únicas, a los cristianos de la diáspora.

Capítulo 6

Financiación de misiones 2.0

Como vimos en el capítulo anterior, se pueden aplicar modificaciones al modelo tradicional para hacerlo más eficaz. Sin embargo, las críticas a este modelo siguen creciendo. Por ello, hay que considerar otros modelos. Algunos son bien conocidos y otros relativamente desconocidos, pero, en conjunto, amplían considerablemente el horizonte de la financiación de las misiones. En el Mundo Mayoritario, es hora de pasar de la Financiación de Misiones 1.0 a la Financiación de Misiones 2.0.

Hacedores de Tiendas

Un modelo, del que llevan años hablando un número importante de autores, es el de convertirse en un "hacedor de tienda". Esto significa que el misionero trabaja en el campo misionero, ganándose la vida con su propio esfuerzo profesional. Este modelo se presenta claramente en las Escrituras (véanse Hechos 18:3; 20:33-35; 1 Cor 4:12; 9:6; 1 Tes 2:6-9). Bjork sostiene que era la práctica normal del apóstol Pablo, cubrir sus necesidades durante sus viajes misioneros y que "la financiación de misioneros 'a tiempo completo' es, de hecho, una anomalía histórica" (Bjork 2015, 36).

Bjork sostiene que es un error pensar que la misión es cosa de las iglesias locales como instituciones y que los fieles sirven para sostener económicamente esta labor apostólica. Para él, la iglesia debe volver al modelo misionero de la iglesia primitiva, basado en la difusión de las buenas nuevas de Jesús por la gente común. Es lo que él llama, a veces, el acompañamiento intencional de los aprendices de Cristo por otros aprendices de Cristo en su obediencia al Señor Jesús. Bjork cree que la iglesia necesita dar un nuevo valor a los misioneros laicos para comprender mejor la finalidad y la financiación de la misión y alejarse de la idea de agencias misioneras separadas.

Comprendo la preocupación de Bjork. Sería maravilloso que la iglesia hiciera mucho más, como él propone, porque más personas entrarían en una relación viva con el Señor. Pero ese razonamiento no excluye otros modelos de misión. Como dijo el apóstol Pablo: "Me he hecho todo a todos para salvar a algunos *por todos los medios posibles*" (1 Cor 9:22; cursiva añadida).

Yo no diría que no hay lugar para una agencia misionera en la misión de Dios. Más bien, creo que en el "modelo misionero de la iglesia primitiva", del que habla Bjork, había personas enviadas por una iglesia, o iglesias, para la misión transcultural. De lo contrario, Pablo no habría pedido a la iglesia de Roma que le ayudara económicamente para su viaje a España (Rom 15:24). De lo contrario, Pablo no habría realizado, él mismo, tantos viajes misioneros ni habría argumentado que tenía derecho a recibir ayuda económica, aunque, él mismo, no hubiera hecho uso de ese derecho (1 Cor 9:3-18). O en el Antiguo Testamento, Dios no habría enviado a Jonás a Nínive para ganarse a un pueblo enemigo (Jonás 1:1-2; 3:1-2), si no existiera algún tipo de labor apostólica.

Creo que hay lugares a los que la "gente común" no puede ir sin un llamado apostólico particular. Según Pablo, en Efesios 4:11-13, algunas personas, pero no todas, son llamadas a ser apóstoles; y algunas personas, pero no todas, son llamadas a ser profetas; y algunas personas, pero no todas, son llamadas a ser evangelistas; y algunas personas, pero no todas, son llamadas a ser pastores y maestros. Hay muchas maneras en que un creyente puede responder a un llamado apostólico, y ser un "hacedor de tiendas" es una manera de hacerlo, así como ser enviado por una agencia misionera es otra.

Varios autores hablan de este modelo de hacer tiendas como una alternativa al modelo tradicional (Pate 1989; Stevens 1999; Verwer 2000); y Craig Blomberg añade, respecto a este modelo bivocacional, que "en el Mundo Mayoritario ha sido la norma durante bastante tiempo" (Blomberg 2013, 186). Prueba de ello puede verse en la historia de otros grupos misioneros, como los moravos y los de la *Basel Mission Trading Company* (Danker 2002); los misioneros batak de Indonesia alrededor del 1900 (Wong 1973); o, más recientemente, los misioneros nigerianos enviados por la Sociedad Misionera Evangélica (Keyes 1983), los misioneros bautistas de Malawi (Pate 1989) y las mujeres filipinas que trabajan en el mundo musulmán (Escobar 2003).

Otros, como Bessenecker (2014b) y Robinson (2014d), proponen que este modelo se utilice más para quienes sirven en el mundo blanco paraeclesiástico. En otras palabras, incluso en el mundo occidental, donde nació el modelo tradicional, es cada vez menos eficaz, y otros modelos deberían reforzarlo. Moon (2013) está de acuerdo con esta conclusión y afirma que los misioneros coreanos deben hacer un mayor uso de este modelo, de "hacedores de tiendas", para hacer frente a los costos y también para establecer relaciones con la gente a nivel comunitario.

Pero, algunos autores hablan tanto de las ventajas como de los inconvenientes de convertirse en un hacedor de tiendas. Bessenecker señala que una gran ventaja es que este modelo misionero bivocacional "incrusta a los ministros [de Dios] en las instituciones locales, conectándolos más personalmente con las economías, los servicios y las culturas de una comunidad local" (Bessenecker 2014a, loc. 1059).

Una buena conexión con la población local es exactamente lo que desea un misionero extranjero.

Y, parece que, un gran número de países siempre estarán buscando personas competentes en determinados campos, por lo que este modelo debería ser válido durante mucho tiempo. Dennis Clark (1971, 117) señala que veremos "un flujo continuo de cristianos técnicos, agrónomos, personal sanitario y médico, y consultores de todas las profesiones imaginables, sirviendo en misiones de larga o corta duración en naciones del Tercer Mundo". El principio afirmado en esta observación es correcto, aunque entretanto hayan cambiado las áreas de especialidad.

Hay que añadir rápidamente que el "hacer tiendas" también tiene serios inconvenientes, y algunos autores también hablan de ellos. El problema más generalizado parece ser el de ganar dinero. Por supuesto, esto se aplica especialmente a quienes trabajan por su cuenta en lugar de trabajar para una empresa u organización establecida desde hace tiempo.

Un autor anónimo escribe en su tesis no publicada, *"Business as Mission: The Effective Use of Tentmaking in North Africa"* (2011), que el mayor problema, según sus encuestas, era el hecho de que sólo el 17 por ciento de los trabajadores del norte de África tenía un negocio que generaba dinero. Por esta razón, el mismo autor sostiene que la mayor necesidad de los hacedores de tiendas es contar con "mentores" en negocios y comercio. Pero, añade que, otra necesidad es "desarrollar un tipo de formación educativa híbrida para aquellos a los que Dios llama al ministerio de hacer tiendas" ("Business as Mission", 138-39).

Una educación que une la teología y los negocios es, en efecto, una muy buena idea para quienes practican este modelo. Los empresarios en la iglesia evangélica podrían beneficiarse de esta formación misionológica. Pero, Patrick Lai (2005) advierte que el lenguaje utilizado por éstos dos mundos no es el mismo y que la comunicación debe respetar los valores de ambas culturas.

Otros dos puntos negativos han sido planteados por autores que tratan el tema de convertirse en hacedor de tiendas. Clines (2006) cree que este modelo plantea ciertas cuestiones, como la de ser responsable financieramente ante un líder. Sugiere que esto debería ocurrir más a menudo de lo que ocurre. La solución a este problema debe ser compartida entre los hacedores de tiendas y su director.

También está el problema de tener el tiempo para hacer discípulos. Ronald Holcomb (1998) afirma que hay que animar seriamente a los hacedores de tiendas a hacer discípulos y no sólo centrarse en el éxito de su negocio. De hecho, a menudo, el negocio establecido por el hacedor de tiendas ocupa tanto tiempo que no tiene tiempo suficiente para dedicarse al ministerio, y así él mismo socava el propósito del negocio donde reside. Esta tensión entre tener un negocio que dé dinero y tener tiempo para hacer discípulos es realmente difícil de resolver para los hacedores de tiendas.

Este modelo se está volviendo, cada vez, más interesante a medida que más y más países ya no admiten personas como misioneros. Así que uno debe entrar como trabajador profesional o como trabajador de algún oficio. Preferiblemente, un misionero debe tratar de ocupar un puesto para el que la población local no esté capacitada, como médico, profesor universitario o especialista en informática, para no agravar el desempleo en el país ni crear envidias. Estos trabajadores, en la medida de lo posible, deben integrarse a una agencia misionera para que no vivan en la soledad en lo que se refiere a la comunión cristiana, pero esto debe hacerse de una manera prudente y muy discreta.

Una ventaja obvia de este modelo es que el misionero no tiene que dedicar mucho tiempo a buscar apoyo financiero. Es cierto que para su billete de avión tendrá que buscar algunos fondos extra, pero aparte de eso, estos misioneros cubrirán por sí mismos sus necesidades una vez que lleguen al campo de misión. Esto les permitirá llegar al extranjero bastante rápido sin tener que preocuparse por su salario, suponiendo que el trabajo que hayan elegido sea económicamente viable.

Si el misionero ha aceptado un trabajo profesional, lo que es ideal para este modelo, habrá mucho menos problemas financieros en comparación con los que buscan iniciar su propio negocio en el campo misionero. Un trabajo profesional no sólo proporciona un salario suficiente, sino también un cierto respeto entre la población, lo que es importante para compartir el Evangelio. Las ventajas de este modelo son numerosas: Es bíblico, suele proporcionar un salario y abre la puerta a las relaciones con la población local.

El modelo de "hacedores de tiendas" es, especialmente, atractivo para las iglesias evangélicas en el Mundo Mayoritario porque los misioneros no tienen que buscar su propio apoyo financiero. Según mis investigaciones, casi el 50% de las agencias misioneras en el Mundo Mayoritario utilizan este modelo, que es tanto bíblico como práctico (Welch 2019). Si un misionero puede encontrar trabajo profesional como ejecutivo, ésta es una forma ideal no sólo de recibir una financiación adecuada, sino también de tener una puerta abierta a las buenas relaciones con la población local.

A veces, sin embargo, este modelo ocupa demasiado tiempo en el lado de los negocios, no dejando tiempo suficiente para el ministerio previsto. Además, la literatura sugiere que demasiados practicantes de este modelo no consiguen desarrollar un negocio rentable. Debo señalar que muchos de los líderes misioneros de Etiopía, con los que hablé, consideran que el modelo "hacedores de tiendas" es el preferido para todo trabajo misionero en países hostiles al evangelio. Dado que estos países deben ser el enfoque de los futuros esfuerzos misioneros, este modelo desempeñará su papel.

Este modelo no está exento de dificultades. Es evidente que el trabajo realizado por el misionero puede consumir mucho tiempo, sin dejar tiempo ni energía para centrarse en el ministerio que, a menudo, queda "al margen". ¿Cómo se puede tener un verdadero ministerio si el misionero está físicamente agotado al final de cada día? Además, a pesar de todo el tiempo dedicado al trabajo, este modelo, a menudo, no proporciona ingresos suficientes para vivir. En tercer lugar, otro problema es que el misionero, muchas veces, ve su trabajo como algo separado de su ministerio. Este problema se resuelve mejor con el modelo de negocio como misión ("Business as Mission" – BAM, en inglés). Este modelo, que es el siguiente que se discute, es una adaptación del modelo de "hacedores de tiendas" que se ha vuelto cada vez más común en muchas agencias misioneras, ya que ayuda a resolver los problemas a los que se enfrenta el hacedor de tiendas.

Negocio Como Misión (BAM)

Un modelo estrechamente relacionado con el anterior, pero no obstante diferente, es el modelo de "negocio como misión" o BAM para abreviar ("Business as mission en inglés). La mayor diferencia entre un misionero hacedor de tiendas y un misionero BAM es que, el primero, busca un empleo que ya existe o crea un pequeño empleo para sí mismo, mientras que el segundo, busca crear una pequeña empresa que contrate a otras personas. En otras palabras, un misionero hacedor de tiendas puede ser visto como alguien que acepta un empleo de una persona local, mientras que un misionero BAM es alguien que crea un empleo para una persona local (Swanson 2010).

Thomas Sudyk afirma que el modelo BAM es más aceptado por las culturas de acogida que el modelo tradicional (Yamamori y Eldred 2003), abriendo así la puerta a "países restringidos", en términos de misión. Esto concuerda con las ideas de Steffen y Barnett (2006), quienes afirman que BAM es muy prometedor a escala mundial. João Mordomo (Steffen y Barnett 2006) sostiene que BAM es bíblico, práctico y eficaz. Clark se adelantó mucho a sus compañeros cuando preguntó: "¿Por qué los cristianos del [Mundo Mayoritario] deben seguir siendo empleados en lugar de ser socios principales y accionistas de un consorcio?". (Clark 1971, 109). BAM pretende producir esos resultados.

El modelo BAM se asemeja al modelo de hacedores de tiendas, con la diferencia de que BAM hace más hincapié en la iniciación de empresas y en la creación de puestos de trabajo. Este modelo es interesante, porque, incluso, los países hostiles al evangelio quieren que sus economías tengan éxito. Estos empresarios, por tanto, deberían integrarse a una agencia misionera para que no estén solos, por un lado, y para que puedan rendir cuentas a un cuerpo espiritual corporativo. Y, antes de enviar a un misionero/empresario de este tipo al extranjero, los empresarios del país de envío podrían desempeñar un papel importante en la formación de estos "trabajadores" misioneros, integrándolos más en el programa misionero de la iglesia.

Una ventaja de este modelo es que suele ser más holístico que el modelo de hacedores de tiendas, ya que el practicante de BAM ve su trabajo y a sus empleados como el enfoque principal, y no como algo externo, de su ministerio. Este modelo es uni-vocacional en lugar de bi-vocacional. Al igual que los autores que apoyan la idea de la teología del trabajo (Stevens 1999; Mtata 2011; Keller 2014), el misionero BAM ve el trabajo como una parte integral de su ministerio, y no crea una falsa dicotomía entre lo sagrado y lo secular. Cuando se hace bien, este modelo proporciona un buen salario no sólo al misionero/trabajador, sino también a la población local de la comunidad.

Sin embargo, no todo lo relacionado con BAM es positivo. Una desventaja es que requiere una gran cantidad de capital antes de empezar, que es mayor que el simple apoyo financiero de un misionero y, por tanto, más difícil de reunir. En segundo lugar, crear una empresa en una cultura extranjera en la que las prácticas empresariales son diferentes a las del país de origen no es nada fácil. Por ello, el índice de éxito de los misioneros BAM no suele ser muy elevado.

Steffen y Barnett (2006) también discuten algunos de los aspectos negativos de BAM, como la idea de que el modelo se basa en valores e ideología estadounidense, y que algunos practicantes de BAM ven el capitalismo como una estrategia de Dios para evangelizar al mundo. ¡A veces el celo de los practicantes de BAM sobrepasa su sentido común!

La experiencia de SIM con negocios como misión en Asia es que los practicantes necesitan mucha más formación empresarial; su entusiasmo supera sus conocimientos prácticos (Welch 2019). Esto coincide con lo que el autor anónimo del norte de África (2011) dijo: Hay una gran necesidad de mentores para misioneros que quieran poner en marcha un pequeño negocio.

El negocio como misión es una idea muy buena, pero la ejecución de esa idea puede ser difícil. Otro problema práctico es el de las relaciones personales entre misioneros. En cuanto a los que optan por este nuevo modelo, Lai dice que, "el alcance de su misión crea problemas y tensiones que son únicos y diferentes de los que experimentan los misioneros regulares. ... Se dan cuenta de que no pueden relacionarse entre sí" (Lai 2005, loc. 200).

Aunque existen problemas relacionales dentro del modelo BAM, y a veces, los practicantes se fían mucho de la financiación del Occidente, el siguiente modelo también se enfrenta a las mismas dificultades. Me refiero al modelo de establecer asociaciones entre iglesias y organizaciones cristianas.

Asociaciones

Otro modelo que muchos autores e investigadores abordan es el de las asociaciones. Este modelo, al menos inicialmente, surgió de las iglesias y las organizaciones cristianas occidentales que contribuían regularmente para iglesias u organizaciones del Mundo Mayoritario. Se suponía que las iglesias y ministerios del Mundo Mayoritario necesitaban esta financiación occidental (véase Bush 1990; Taylor 1994), aunque estos autores hacían hincapié en la idea de asociaciones interdependientes. La parte occidental era casi siempre la parte financiera. Más adelante, Escobar se refiere a ésta misma idea, más o menos, llamando a esto "el método cooperativo" (Escobar 2003, 67).

Curiosamente, Clark (1971, 48) también trató esta idea de cooperación entre iglesias y ministerios de todo el mundo, pero reconoció, desde el comienzo, que este modelo no debería utilizarse para el trabajo de la iglesia local en el campo misionero:

> En la mayoría de los casos, la financiación de la labor de las iglesias locales puede correr a cargo de la población local, según su nivel de ingresos y gastos. La introducción de fondos extranjeros para el trabajo eclesiástico tiene un efecto debilitador y disminuye la iniciativa local.

Esta advertencia subyace en las críticas a este modelo. Robertson McQuilkin (1999) explica cinco puntos negativos de este modelo si la asociación se convierte únicamente en una relación en la que el dinero procede del socio occidental:

1. Los creyentes no dependen ni de Dios ni de sí mismos, sino de los donantes.
2. Los líderes se preocupan por los fondos norteamericanos.
3. Surgen muchos pleitos, entre creyentes, por tierras compradas con estos fondos.
4. Se crea una "aristocracia" entre los siervos de Dios – entre los que están "conectados" y los que no lo están.
5. Los que reciben estos fondos acaban convirtiéndose en desagradecidos.

Fred Wilson (1994) trató de evitar estos problemas ofreciendo enviar personal además de dinero, pero tuvo que admitir que si su iglesia enviaba a alguien al campo misionero, el socio occidental tomaba las decisiones y el socio local se retiraba de la asociación. Las asociaciones pueden funcionar bien, pero son mucho más difíciles de lograr si el único activo de uno de los socios es el dinero.

Mary Lederleitner (2010) lo resume bien diciendo que las relaciones basadas en la confianza, el respeto, la dignidad mutua, la buena comunicación y la humildad tienen la mejor oportunidad de formar una buena asociación, y esto es, especialmente, cierto cuando se trata de la cuestión de cómo utilizar los fondos para financiar un ministerio. El libro de Lederleitner, "*Cross-Cultural Partnerships: Navigating the Complexities of Money and Mission*" (lit. "Asociaciones interculturales: Navegando por las complejidades del dinero y la misión"), considera, por un lado, la importancia de las relaciones de confianza entre los socios y, por otro, el reconocimiento del socio del Mundo Mayoritario como socio en pie de igualdad. Estas verdades esenciales deben ponerse en práctica si una asociación tiene alguna esperanza de seguir siendo saludable.

Después de ver los modelos más comunes, también podemos considerar algunos modelos menos conocidos, pero, que podrían ser muy útiles en el Mundo Mayoritario. La escasa bibliografía existente trata de estos modelos en el contexto norteamericano; prácticamente ninguna obra presenta estas opciones en el Mundo Mayoritario.

La agencia misionera, no el misionero, busca apoyo

En este modelo, la agencia misionera, y especialmente su presidente o director general, busca apoyo financiero para sus misioneros. Según mi investigación, este modelo es muy utilizado en la India, ya que las cinco agencias misioneras con las que me puse en contacto utilizaban este modelo (Welch 2019). Como ya se mencionó, este modelo es muy útil en países donde no es culturalmente aceptable que una persona pida apoyo financiero para sí misma.

La ventaja de este modelo es que, por lo general, el presidente/director de una agencia misionera es más capaz y tiene más experiencia en la búsqueda de apoyo financiero que un misionero novato y sin experiencia. Además, este líder misionero suele ser ampliamente conocido por los líderes eclesiásticos y puede obtener más fácilmente un compromiso para dar charlas en las iglesias locales.

Sin embargo, este modelo tiene sus desventajas. El hecho de que todo el enfoque financiero de la agencia misionera dependa de una sola persona o de un número muy reducido de líderes, significa que la recaudación de fondos se basa en unos cimientos bastante precarios. Si el presidente/director cae enfermo durante un periodo de tiempo, todos los misioneros de esa agencia sufren las consecuencias, ya que sus salarios disminuyen debido a la enfermedad de su director. En la misma línea, si un nuevo director es menos dinámico que su predecesor, toda la misión debe soportar las consecuencias, posiblemente durante un largo periodo de tiempo.

El modelo en el que los líderes de las misiones - y no los propios misioneros - buscan financiación para las misiones, es un modelo bastante prometedor para el Mundo Mayoritario. Según mis investigaciones, el 50 por ciento de las principales agencias misioneras, no occidentales, del mundo ya utilizan este modelo, quizá porque sus líderes tienen más "conexiones" con las iglesias locales y más experiencia en la recaudación de fondos. Siempre que estos líderes hagan bien su trabajo y se mantengan sanos, este modelo funciona bien, según mis conclusiones, tanto en la India como en África.

En la oficina de SIM, en el noreste de la India, utilizan un híbrido de este modelo. Aun cuando piden a los misioneros que recauden fondos para cubrir su salario y sus actividades ministeriales, la misión trata de recaudar el dinero para todos los gastos administrativos relacionados con el envío de una familia misionera al campo. Eso incluye gastos como el seguro médico, la pensión de jubilación, las tasas administrativas que van tanto al campo como a la oficina de envío, los impuestos, etc. El personal de la oficina de misiones procura recaudar estos fondos, ya que son los gastos que están menos directamente relacionados con el ministerio que se realiza. Aunque estos gastos son legítimos, a las iglesias locales les resulta más difícil enviar dinero para cubrirlos. Así que la misión, y no el misionero, trata de cubrir esos gastos para los misioneros de SIM del noreste de la India.

Modelo de las doce iglesias

Con este modelo, las iglesias locales inician la recaudación de ayuda económica para las familias misioneras. Una iglesia local se asocia con otras once iglesias locales, y cada mes, una de estas doce iglesias aportará la ayuda mensual para una familia misionera, según el mes que haya elegido. De este modo, una iglesia enviará fondos a un misionero la primera vez en su mes designado y luego, tendrá todo un año para recaudar los fondos para la segunda vez. A su regreso, la familia misionera visitará "sus" doce iglesias.

Una iglesia de Guayaramerín (Bolivia) y su pastor, Christian Rocha, utilizaron un modelo similar para enviar a una familia misionera a Guinea Ecuatorial. Con este modelo no es necesario que las doce iglesias pertenezcan a la misma denominación, aunque si es así, puede facilitar algunos de los aspectos logísticos de la recaudación de fondos.

Un ejemplo similar de Perú, es el de la Iglesia *Christian and Missionary Alliance Church*. Sin embargo, en lugar de que cada una de las doce iglesias aporte un mes de ayuda económica, la iglesia de origen aporta el 40 por ciento de la ayuda económica y las otras once iglesias aportan el 60 por ciento restante. Varios misioneros reciben ayuda económica de este grupo de doce iglesias. Cada año, las doce iglesias celebran un gran congreso misionero, con ponentes que viajan de iglesia en iglesia. Esto permite que nuevas ideas y motivaciones para las misiones se filtren entre estas iglesias.

Tres pasajes podrían servir de base bíblica para este modelo, ya que muestran una rotación mensual de responsabilidad o producción durante doce meses. Vemos esto con el liderazgo del ejército de David (1 Cr 27:1-15), la administración del reino de Salomón (1 R 4:7-19), y el árbol de la vida en el paraíso (Ap 22:2).

Este modelo tiene la ventaja de ser muy fácil de entender, y también la de dar un año entero para conseguir la misma cantidad de apoyo financiero la segunda vez. Además, si una iglesia considera que ya no puede participar en el programa de recaudación de fondos, puede buscar otra iglesia de la misma denominación que la sustituya.

Este modelo podría funcionar, con bastante facilidad, en una denominación que cuente con un gran número de iglesias locales en un mismo país o región. Una ventaja para la familia misionera es que tiene doce iglesias para visitar durante su asignación en el país de origen, lo que le da la oportunidad de conocer a un gran número de familias a nivel personal y pueden proporcionarle aún más apoyo financiero y de oración.

Una desventaja de este modelo es que puede resultar difícil, para una familia, visitar doce iglesias si su asignación en el país de origen sólo dura unos meses. Una segunda dificultad se presenta cuando una iglesia local no envía su dinero a tiempo, o si decide retirar su apoyo financiero al misionero designado a mitad de su estancia en el extranjero. En tal caso, la familia del misionero, puede encontrarse con graves dificultades económicas en el campo y verse obligada a dedicar mucho tiempo en buscar una iglesia que se haga cargo de la ayuda prometida por la iglesia negligente.

El "modelo de las doce iglesias" parece ser práctico para las iglesias evangélicas del Mundo Mayoritario, porque es sencillo de aplicar desde el punto de vista administrativo y no cansa demasiado a la familia misionera al volver del campo, al menos si las doce iglesias están en la misma parte del país. Este prometedor modelo debe probarse mucho más para ver si da los resultados deseados, y parece que también podría funcionar bien en el Mundo Occidental, donde existe un mayor número de grandes denominaciones.

"Ahorro Rotatorio" para la misión

Otro modelo en el que la iglesia local inicia la financiación de las misiones se denomina plan de "ahorro rotatorio". Según este modelo, cada semana se retira cierta cantidad de dinero - un porcentaje o una suma global - de la ofrenda general y se deposita en la "caja" de las misiones. Así, al final del mes, suponiendo que la iglesia apoye a doce misioneros, un misionero podrá beneficiarse de ella cada mes.

Si la iglesia decide apoyar a seis misioneros en lugar de doce, puede enviar su apoyo bimensualmente. Por ejemplo, si una iglesia decide apoyar a cada una de las seis familias misioneras con 100 dólares al mes, puede apartar 150 dólares cada semana de la ofrenda y depositarlos en la caja de las misiones. Al final del mes, la iglesia tendrá 600 dólares para enviar a esas seis familias. O, al cabo de dos meses, tendrá 1200 dólares para enviar, o 200 dólares a cada una de estas seis familias misioneras (2 x 100 dólares/mes = 200 dólares).

Este modelo se basa en una práctica que ya existe en muchas iglesias del Mundo Mayoritario, pero normalmente no para financiar misiones. A menudo, es el grupo de mujeres, o el grupo de jóvenes, u otro grupo de la iglesia el que utiliza este modelo. Al utilizar este modelo que combina una práctica cultural con una necesidad en la iglesia local, la cantidad de la línea presupuestaria para la misión o para las familias misioneras ya estará prevista.

Una variación de este modelo podría ser utilizada por un grupo de iglesias locales en lugar de una sola iglesia. Seis iglesias, por ejemplo, podrían contribuir cada mes al plan de ahorro para una familia misionera concreta, y cada dos meses una de ellas financiaría a esa familia. Tal vez podrían probarse otras variaciones de este modelo. Por ejemplo, el "grupo de inicio de misión" podría supervisar dicho plan de ahorro rotatorio dentro de la iglesia local.

En cierto sentido, este modelo sigue siendo hipotético, porque hasta ahora no he podido estudiar o investigar personalmente a las iglesias que lo utilizan para la financiación de misiones, aunque otros grupos de la iglesia lo utilizan, principalmente, como cuenta de ahorro personal para sus miembros. Algunos grupos designan un determinado porcentaje de los fondos para destinarlo al presupuesto de la iglesia, pero la mayoría no lo hace.

El uso de un plan de ahorro rotatorio para recaudar fondos para la misión podría ser muy beneficioso, ya que es una práctica bien conocida y ya utilizada en cientos de iglesias del Mundo Mayoritario. Un grupo de iglesias evangélicas podría unirse para financiar a un pequeño grupo de misioneros. Sería interesante ver hasta qué punto este modelo es aplicable a la financiación de misiones.

Además, no hay comisiones exorbitantes asociadas a este método en comparación con el costo de la contabilidad y otros gastos bancarios. Tres iglesias/misiones en Etiopía han informado que ya están utilizando este método para la misión (Welch 2019). A pesar de que aún no se ha realizado un estudio más amplio de sus resultados, creo que este método se extenderá rápidamente a otras partes del mundo.

Crowdfunding

Vinculado al modelo anterior, se encuentra lo que técnicamente se denomina financiación participativa, aunque es más comúnmente conocido por el término "*crowdfunding*". Elimane Sembène llama a los planes de ahorro rotatorio, antes mencionados, "los paraguas financieros que son los verdaderos ancestros y probables fuentes de inspiración del crowdfunding moderno" (Sembène 2015, 58). Un profesional de las finanzas participativas, Thierry Barbaut, afirma que "el crowdfunding se adapta perfectamente a África" (Sembène 2015, 51).

Este método de recaudación de fondos se realiza publicando las necesidades financieras en un sitio web como GoFundMe o Kickstarter, y luego el público en general puede decidir si contribuye o no. Este modelo es más atractivo para los jóvenes porque están más acostumbrados a contribuir a través de medios electrónicos. En Kenia, ya existe un servicio llamado M-Changa, que ofrece "una aplicación que funciona mediante un registro fácil y gratuito; y acuerdos de seguimiento transparentes, que permiten a los clientes recaudar fondos a través de sus teléfonos móviles" (Sembène 2015, 52). Una agencia misionera podría crear su propia "plataforma" de *crowdfunding* y financiar así proyectos de construcción o desarrollo, ya que este modelo es más eficaz para objetivos tangibles que para intangibles, como el apoyo económico mensual a un misionero.

El *crowdfunding* tiene la ventaja de poder dar a conocer rápidamente las necesidades financieras a un público muy amplio, dado que 4.260.117.793 personas (el 84.2 por ciento de todos los internautas) viven en el Mundo Mayoritario, frente a 1.125.680.613 personas (el 15.8 por ciento de todos los internautas) que viven en el mundo Occidental (Miniwatts Marketing Group 2022).

Sin embargo, este modelo es problemático. Aunque un gran número de personas puedan acceder a Internet, es difícil que realicen una transacción bancaria a través de este medio, ya que en África y en otros lugares existe una "baja tasa de actividades bancarias, ... [y] muchos países africanos siguen prohibiendo los pagos con tarjeta de crédito" (Sembène 2015, 52). Además, muchos países del Mundo Mayoritario carecen de la infraestructura necesaria para garantizar un internet eficiente. Estos impedimentos corren el riesgo de obstruir la financiación colectiva efectiva hasta que se encuentren soluciones, esperemos que sea en un futuro próximo.

Al mismo tiempo, algunas agencias misioneras no permiten el *crowdfunding*, ni siquiera para las necesidades más tangibles de sus proyectos. En su lugar, ofrecen un servicio similar con donaciones anónimas en sus propios sitios web. Y en mi limitada experiencia con esas agencias misioneras que sí permiten el *crowdfunding* para proyectos, sólo han tenido un éxito limitado. Pero eso no significa que este modelo no vaya a ser más eficaz en el futuro.

Vivir de los frutos del ministerio

Este modelo de financiación se utiliza a menudo de forma secundaria, es decir, se utiliza otro modelo al principio de un ministerio para cubrir las necesidades diarias, y luego, una vez que el ministerio se ha establecido bien en el campo misionero, el misionero adopta este modelo adicional para cubrir sus gastos financieros.

Este modelo es más eficaz para un ministerio de plantación de iglesias, porque la continuación normal de la plantación de iglesias, es la madurez espiritual de los nuevos creyentes, y esto incluye la generosidad a Dios para la continuación del ministerio. Por ejemplo, un misionero hace evangelismo en el campo misionero, y después de un período de tiempo comienza un servicio dominical en la casa de uno de los nuevos convertidos. Durante este tiempo, el misionero vive del apoyo financiero que él mismo ha tenido que buscar y que le envía mensualmente su agencia misionera. Pero al cabo de cinco años, los que participan en el culto dominical son cuarenta personas, de las cuales unas veinte tienen empleo. Se anima a cada miembro a participar en las ofrendas de la iglesia, y con el tiempo estas personas se vuelven más generosas, ya que muchos ofrecen el diezmo de sus salarios.

De esta forma, el misionero ya no necesita el apoyo que recibía del exterior, porque quienes representan el fruto de su ministerio contribuyen lo suficiente, por sí mismos, para mantenerlo al 100 por ciento. Por lo tanto, deja de recibir el apoyo financiero que recibía a través del modelo anterior, de recaudar su propio sustento, y adopta este nuevo modelo de vivir del fruto de su ministerio.

Este modelo está bastante extendido en el Mundo Mayoritario, ya que un gran número de pastores lo utilizan, incluidos los que predican el "evangelio de la prosperidad", donde este modelo parece ser el más popular. Cabe añadir que este modelo también funciona para otras áreas o proyectos ministeriales, como el lanzamiento de una emisora de radio o una editorial. Si el proyecto ministerial suele incluir un componente de ingresos, dicho proyecto puede adoptar este modelo en el momento oportuno.

Una dificultad de este modelo es que el misionero, a veces, puede vivir del fruto de su ministerio durante un tiempo, pero la situación económica de la ciudad o región puede cambiar, y finalmente la gente de su ministerio ya no puede mantenerlo.

Muchos misioneros, plantadores de iglesias, viven del "fruto espiritual" de su ministerio. Este modelo funciona bastante bien en el Mundo Mayoritario, porque los nuevos cristianos en estas partes del mundo están, generalmente, muy agradecidos por su nueva vida en Cristo y consecuentemente son muy generosos hacia su nueva iglesia. *Calvary Ministries* en Nigeria, junto con la *Agence Missionnaire Interafricaine*, su rama francófona en Costa de Marfil, así como iglesias en Etiopía, confirman esta generosidad. Se trata de un modelo que debería seguir utilizándose.

Apoyo que disminuye con el tiempo

Otro modelo, una modificación del anterior, es aquel en el que el apoyo financiero disminuye con el tiempo. En este caso, el misionero, la agencia misionera o la iglesia pueden iniciar la búsqueda de fondos, pero al cabo de cierto tiempo la cantidad recibida, por el misionero, empieza a disminuir gradualmente. *Calvary Ministries* en Nigeria utiliza este modelo, en el que el fruto del ministerio cubre, cada vez más, el apoyo financiero del misionero. Por ejemplo, la agencia misionera o la iglesia que envía a un misionero lo apoya al 100 por ciento el primer año, al 80 por ciento el segundo, al 60 por ciento el tercero, y así sucesivamente hasta que la iglesia recién plantada tiene los medios para cubrir el 100 por ciento de los gastos del misionero. En ese momento, la iglesia puede reemplazar al misionero con un pastor, y el misionero es libre de comenzar otro ministerio de plantación de iglesias en otro lugar. El apóstol Pablo habló indirectamente de este modelo; véanse, por ejemplo, 1 Corintios 9:3-8 y Gálatas 6:6.

El momento de suspender definitivamente el apoyo financiero puede variar según las circunstancias del ministerio. Una desventaja suele producirse cuando la agencia misionera fija, de antemano, un plazo para dejar de financiar al misionero, pero a estas alturas, el ministerio sigue sin poder mantenerlo adecuadamente.

La disminución del apoyo financiero, a lo largo del tiempo, es un modelo práctico para el Mundo Mayoritario, ya que permite a los misioneros dejar de buscar financiación misionera después de un período de tiempo, que es el objetivo de muchos misioneros. Pero la dificultad estriba en saber en qué medida hay que reducir el apoyo financiero. Además, el momento adecuado para poner fin al apoyo financiero exterior puede tardar más de lo previsto, lo que hace que este modelo sea un poco complicado de dominar. Hay que tener en cuenta las circunstancias locales y no hacer una regla que se aplique a todos los países del Mundo Mayoritario, en relación con estos aspectos de este modelo.

"Un puñado de arroz" *(buhfai tham)*

Este modelo es interesante por dos razones: En primer lugar, porque procede del Mundo Mayoritario y, en segundo lugar, porque se practica desde hace más de cien años. En el noreste de la India, las mujeres de la iglesia reservan un puñado de arroz (*buhfai tham*) en cada comida. Llevan regularmente el arroz a la iglesia, y ésta lo vende y destina lo recaudado a la misión. Cuando el programa comenzó en 1910, este dinero se utilizaba para enviar mujeres evangelistas a una determinada región. Se les llamaba "Mujeres de la Biblia", según el *Global Generosity Movement* (2010).

Es obvio que en otras partes del mundo el puñado de arroz podría ser un puñado de mijo o de maíz, un trozo de carbón, un manojo de leña, etcétera. Sólo en el 2010, este programa proporcionó financiación para misiones por un valor equivalente a 1,5 millones de dólares estadounidenses (Global Generosity Movement 2010). La Iglesia Presbiteriana de Mizoram envía y apoya a más de 1.800 misioneros utilizando este modelo, y no hay que olvidar que el estado de Mizoram sigue siendo uno de los más pobres de todo el país de la India.

Este modelo también es interesante porque demuestra que las personas que se preocupan por la misión, aunque tengan limitaciones económicas, pueden lograr mucho para el Señor. Un líder misionero en Etiopía, informó que la denominación de su iglesia utiliza este modelo en el sur del país, una parte del país que es bastante pobre (Welch 2019). Este modelo es muy prometedor para el Mundo Mayoritario. Demuestra que la visión es más importante que la economía en la financiación de la misión, y la iglesia Occidental haría bien en adoptar una estrategia de la iglesia del Mundo Mayoritario.

El modelo del "puñado de arroz" ya ha demostrado que es viable en el Mundo Mayoritario, especialmente en la India, pero también en Etiopía, según mis investigaciones. Una gran ventaja de este modelo es que permite que, incluso, los más pobres participen en la misión global. Muchas iglesias locales deberían probarlo intercambiando arroz por semillas o alimentos de su elección.

Chris Conti, movilizadora de misiones en Sudamérica con SIM, informó que este modelo ha sido un gran recurso para ayudar a la gente a entender que cada granito de arena ayuda. Para ella, ha sido emocionante ver que la gente entiende que puede ofrecer lo que esté disponible localmente en su comunidad. Algunas iglesias han recogido y vendido huevos. Unas pocas iglesias han celebrado desfiles en zonas rurales, y los participantes han donado su primer ganado o su primera cesta de fruta o verdura para la misión.

Empleo a tiempo parcial para el cónyuge

A veces, un cónyuge puede encontrar un trabajo que le abra la puerta a una nueva área de ministerio. Sabemos que Priscila trabajó junto a su marido Aquila en la fabricación de tiendas (véase Hechos 18:3), y que este modelo puede repetirse. Hoy en día, por ejemplo, se pueden dar clases de conversación en la lengua materna del misionero, u ofrecer clases de inglés o de informática. A muchas personas les gustaría saber cómo dominar sus computadoras, por ejemplo, cómo utilizar mejor los programas de procesamiento de textos o las hojas de cálculo. O un cónyuge puede saber tocar un instrumento musical y dar clases de música a los niños de la iglesia o del barrio.

La idea básica es convertir una habilidad concreta en un trabajo a tiempo parcial. Si hay suficiente demanda de este tipo de trabajo, podría incluso, convertirse en un trabajo de "hacedores de tiendas", eliminando a largo plazo la necesidad de un modelo de financiación alternativo. Al mismo tiempo, tener un trabajo a tiempo parcial facilita que el "trabajador" explique, a los demás, por qué está en ese país extranjero.

La desventaja de este modelo es que el trabajo a tiempo parcial puede distraer mucho a los misioneros de su ministerio principal y centrar su atención en resultados financieros y no espirituales. Pero, si el misionero es disciplinado, puede controlar la situación con bastante facilidad y no permitir que el trabajo ocupe demasiado de su tiempo.

El empleo a tiempo parcial de un cónyuge a veces es posible en el Mundo Mayoritario, especialmente si la persona tiene talentos que son buscados por la población local y el "trabajo" se puede hacer en casa. Este modelo tiene menos éxito si la esposa tiene que buscar empleo en una tienda o en el servicio público, ya que algunos países del Mundo Mayoritario no aceptan fácilmente a las mujeres en el lugar de trabajo. Sin embargo, conozco a varias esposas de misioneros que trabajaron, durante años, en Costa de Marfil como profesoras en una escuela internacional o como enfermeras en una embajada. Este tipo de empleo no sólo les aportaba ingresos extra, sino que también les permitía ejercer su ministerio entre los estudiantes o los pacientes.

Reducción de costos

Este modelo es lo opuesto a todos los demás, en el sentido de que no sólo hay que tratar de aumentar los ingresos para financiar la misión, sino también de reducir los costos. Por ejemplo, siete hombres de una iglesia local, aunque no tengan trabajo, pueden apoyar a una agencia misionera sirviendo una vez por semana como vigilantes nocturnos voluntarios, trabajadores de mantenimiento voluntarios, etc. Esto demuestra que un desempleado puede, incluso sin dinero, apoyar la misión.

O, la iglesia local, puede movilizar a sus miembros para que se ocupen de las familias de los misioneros cuando éstos regresan a sus países de origen. Por ejemplo, un médico que sea miembro de la iglesia podría ofrecer revisiones médicas gratuitas o con descuento a una familia misionera; un agente inmobiliario que sea miembro de la iglesia podría ayudarles a encontrar vivienda a un precio con descuento; los miembros de la iglesia podrían prestar muebles a la familia misionera mientras estén visitando desde el extranjero; alguien de la iglesia podría ofrecer a la familia una escapada de fin de semana a un hotel donde puedan descansar; el director de un colegio podría admitir a los hijos de los misioneros a un precio reducido cuando regresen a su misión; una familia con dos vehículos podría ofrecer uno a la familia misionera mientras están de vuelta en su país de origen; los agricultores podrían ofrecer una pequeña parte de su cosecha a una familia misionera, etc.

Del mismo modo, un contador podría ofrecerse, como voluntario, para realizar los estados financieros anuales y los impuestos de una agencia misionera; cinco personas podrían ofrecerse como recepcionistas un día a la semana; pintores, fontaneros y carpinteros podrían ofrecer sus servicios de forma eventual, etc. Todos estos gestos contribuyen a reducir los costos de una familia misionera o de una agencia misionera. Según mis investigaciones, las agencias misioneras de la India, Tailandia, Sudáfrica, Etiopía, Kenia, Nigeria, Austria, Rumanía y Ecuador reducen sus costos recurriendo a voluntarios, lo que demuestra que este modelo ya está bastante extendido en el Mundo Mayoritario (Welch 2019).

La reducción de costos por parte de las agencias misioneras es un modelo que se aplica fácilmente en el Mundo Mayoritario, ya que estas agencias buscan constantemente estas reducciones. Mi investigación ha demostrado que la mayoría de estas agencias (77 por ciento), suele utilizar personal voluntario y que su personal suele utilizar el transporte público (71 por ciento), ambas son formas de poner en práctica este modelo. La gran mayoría de su personal misionero (90 por ciento), opta por un estilo de vida sencillo. Al mismo tiempo, la simplificación de los procedimientos administrativos siempre será bienvenida en el Mundo Mayoritario, como en todas partes. Los avances en los sistemas bancarios, informáticos y telefónicos permiten esta simplificación y la consiguiente reducción de costos.

Fondo de dotación

Cuando un organismo misionero decide abrir un fondo de dotación, también está decidiendo a no tocar el fondo principal para las necesidades corrientes de la agencia. En lugar de ello, dicho fondo gana intereses a largo plazo, y estos intereses pueden utilizarse para sufragar los gastos operativos de la misión o de un proyecto específico. El consejo de administración de una agencia misionera puede decidir que un determinado porcentaje, de todas las donaciones que superen una determinada cantidad, se destine a un fondo de este tipo. De este modo, la agencia comienza a crear un fondo para uso futuro. Por supuesto, hay que ser prudente a la hora de invertir y evitar fondos con una tasa de rentabilidad supuestamente "garantizada". Hay que investigar lo suficiente antes de invertir dinero.

Pero, de vez en cuando, una agencia misionera recibe el legado de una gran donación y, en lugar de gastarlo todo de golpe, sería más sensato dedicar una parte o la totalidad a un fondo de dotación. Algunas agencias misioneras occidentales consiguen generar más de mil dólares estadounidenses, al mes, sólo en intereses bancarios, y en general los tipos de interés son más altos en el Mundo Mayoritario que en el occidental.

Los principios esenciales de un fondo de este tipo son que; 1) los líderes de la misión piensen hoy en cómo generar fondos para el futuro, y 2) que éstos mismos líderes se resistan a echar mano del principal del fondo para las necesidades actuales. Una desventaja de este modelo es que los misioneros que saben de la existencia de un fondo de este tipo, pueden dejar de confiar en Dios para su financiación. En su lugar, podrían confiar en el mercado económico, lo que tendría otras consecuencias negativas para su ministerio.

Apoyar un ministerio en lugar de una persona/familia misionera

Después de un tiempo suficiente de oración e investigación, una iglesia puede decidir apoyar un ministerio específico (literatura, radio, traducción de la Biblia, ministerio juvenil o evangelización entre un grupo específico de personas no alcanzadas. Por ejemplo: Tuareg, wolof, fulani, turcomano, uigur, uzbeko); en lugar de apoyar a un misionero específico. Esa iglesia, también, puede decidir cuánto quiere contribuir cada año y fijarlo como un objetivo anual para la misión. A partir de ahí, podría contribuir a una agencia misionera específica que trabaje en el ministerio deseado, o a un misionero que sirva en el ministerio elegido, o con el pueblo elegido.

La idea específica aquí es que uno está apoyando un *tipo* de ministerio, en lugar de una persona en particular. Este modelo es ventajoso para una iglesia local que no conoce personalmente a los misioneros que participan en el ministerio elegido. También es un buen modelo de financiación para un proyecto de duración limitada, porque, desde el principio, la iglesia local conoce la fecha límite de su compromiso financiero.

Apoyar un ministerio en lugar de a un misionero permite a las iglesias evangélicas del Mundo Mayoritario, elegir un proyecto o ministerio que puedan apoyar durante un periodo de tiempo. Este modelo es ventajoso porque no se prolonga indefinidamente, como suele ocurrir cuando se apoya a una familia misionera. Algunos ministerios y casi todos los proyectos tienen un plazo para su finalización, lo que hace que este modelo resulte más atractivo para las iglesias locales.

"Designación de misión"

Con este modelo, los miembros individuales de una iglesia local inician la financiación de la misión. Los miembros de la iglesia que son agricultores, por ejemplo, pueden designar una determinada porción de sus tierras para la misión. O los miembros que se dedican a la ganadería pueden designar una vaca, dos ovejas o tres cabras como animales para la misión cuando se sacrifiquen. O un agricultor que cría pollos, conejos, etc. puede designar el decimoquinto o el vigésimo animal vendido para la misión. Cuando se venden, los beneficios se destinan a familias misioneras o a una agencia misionera.

Otra posibilidad es que los miembros de la iglesia que sean comerciantes y vendedores, designen los beneficios de las ventas, de un determinado día del mes, como "beneficios misioneros". La ventaja de este modelo es su flexibilidad: Se puede designar la venta de un animal para la misión; se puede designar un terreno para la misión; se puede designar un día del mes, una hora del día, una mañana de la semana, un vehículo de una flota, una silla o una mesa de un restaurante, por cada enésimo cliente, etc. Las posibilidades son infinitas.

Según el director de la misión SIM en Australia, un granjero de Papúa Nueva Guinea llamó "India" a una vaca, y cuando ésta se vendió, el beneficio se destinó a una agencia misionera que trabaja en la India. También cuenta que un granjero había destinado una parcela de su tierra a la misión, sabiendo que no era un buen terreno. Para su asombro, Dios bendijo esa parcela con la mejor cosecha de todas sus tierras. No sólo fue bendecida la misión, sino que también creció la fe del granjero. Según mis investigaciones en Etiopía, en una iglesia, algunos agricultores designaron tres plataneros para la misión. En otra iglesia, los agricultores donan regularmente una oveja o una cabra para la misión (Welch 2019).

El modelo de "designación de misión" proviene del Mundo Mayoritario. Al igual que el modelo del "puñado de arroz", permite que personas relativamente pobres participen en la misión global designando un bien o un servicio, apartándolos de la financiación general. Con una mayor concienciación, este modelo podría tener un impacto positivo en un gran número de iglesias evangélicas que desean participar en la misión global. Sería un modelo excelente para poner en práctica también en la iglesia Occidental.

Procedimientos simplificados

En relación con la reducción de costos, las agencias misioneras, también, deben simplificar al máximo los procedimientos administrativos. Por ejemplo, las agencias podrían cobrar una tarifa fija mensual como tasa administrativa para tramitar los ingresos por donaciones de sus misioneros, el pago de impuestos, etc., en lugar de fijar un porcentaje sobre los ingresos mensuales que se vayan a percibir. Esto evita la necesidad de ocupar el tiempo de un contable para calcular todos los ingresos de cada misionero.

Otro ejemplo es dar a los donantes la oportunidad de contribuir directamente a los misioneros a través de un teléfono móvil, o de una cuenta de dinero móvil (M-Pesa, Orange Money, MoMo, etc.), en lugar de enviar su dinero directamente a la agencia misionera. Esto elimina la necesidad de transferencias bancarias regulares y reduce, al mismo tiempo, los gastos bancarios de la agencia misionera. Alternativamente, una agencia misionera puede dar a cada misionero una tarjeta de crédito (o débito), y sus misioneros pueden retirar dinero en los cajeros automáticos de su ciudad.

Estas oportunidades existen cada vez más en el Mundo Mayoritario. Este principio es muy útil para el misionero que prefiere no dedicar demasiado tiempo al trabajo administrativo y también para los donantes reacios a contribuir para la administración de la misión, aunque admitan que este aspecto administrativo es inevitable.

Agencias misioneras que contribuyen a la iglesia local

Otro modelo para una agencia misionera es contribuir a la vida de las iglesias locales. Una de las razones de este modelo es que, con demasiada frecuencia, se considera que las agencias misioneras roban personas y dinero a la iglesia. Son vistas como las que toman, no como las que dan. Por lo tanto, las agencias misioneras también deberían devolver algo a la iglesia; presentando seminarios, por ejemplo, sobre los pueblos no alcanzados, la iglesia perseguida, las oportunidades de BAM, la oración por la misión, etc. Pueden ayudar a las iglesias locales con la formación de "grupos de inicio de misión", o educar sobre cómo desarrollar una estrategia de misión. Incluso, podrían contribuir económicamente cada año al ministerio de una iglesia local elegida por su junta directiva.

Esta voluntad de contribuir a las iglesias, en lugar de pedirles siempre que contribuyan a la agencia misionera, puede movilizar un espíritu de colaboración entre ambas entidades, lo que, a la larga, puede traducirse en una mejor visión misionera de la iglesia y más fondos para la misión.

Al igual que sus homólogas occidentales, las agencias misioneras del Mundo Mayoritario, necesitan considerar cómo pueden contribuir al crecimiento de la iglesia local en relación con la misión. También deben adoptar la mentalidad de dar a la iglesia local y no sólo recibir de ella. Tal mentalidad contribuye a la asociación entre las agencias misioneras y las iglesias evangélicas, una asociación que ejemplifica el corazón de la misión global.

Actividades y eventos

Por último, la iglesia local puede iniciar eventos y actividades para promover tanto la misión como la visión misionera, así como para generar ingresos para la misión. Con un poco de reflexión y creatividad, esta lista podría ser mucho más larga. He aquí algunas ideas extraídas de mi propia investigación y experiencia:

1) Una iglesia podría celebrar una "semana misionera" cada año, en la que la ofrenda de la iglesia se destine a la misión. Durante la semana, podrían celebrarse en la iglesia actividades (como películas, conciertos, deportes, una "comida nacional", seminarios, etc.), y los beneficios de la venta de entradas para algunas de estas actividades también podrían destinarse a la misión.

2) Una iglesia podría designar un proyecto que genere ingresos como su proyecto misionero. Por ejemplo, la iglesia podría comprar un vehículo, como un taxi, y dar los beneficios del mismo a una o dos familias misioneras. O puede comprar dos vacas lecheras y vender la leche producida. Los beneficios se destinarían a una agencia misionera elegida por la iglesia. O la iglesia podría construir apartamentos u oficinas y luego utilizar los ingresos del alquiler para financiar el ministerio. Estas ideas son interesantes, pero hasta ahora hay poca documentación sobre la eficacia de tales esfuerzos.

3) Una iglesia podría acoger a artistas de la iglesia local (pintores, talladores de madera, fotógrafos, alfareros, etc.), y organizar una exposición que mostrara su talento. Después podría celebrarse una subasta, abierta al público, cuyos beneficios se destinarían a la misión. Una iglesia de Inglaterra lo hizo en 2012 durante una "semana nacional" (como la semana nacional de la mujer, o la semana nacional del niño). Una actividad de este tipo no sólo permite ganar dinero para la misión, sino que muestra a los líderes de la comunidad local que la iglesia se interesa por lo que hacen.

4) Una iglesia podría organizar un "concierto para las misiones", con músicos, cantantes, bailarines y poetas. La recaudación se destinaría a una necesidad predefinida, como la misión en países "cerrados", cómo ayudar a los pobres, cómo defender a los niños de la calle y a los huérfanos, etc. Dado que es poco probable que una sola iglesia local cuente con suficientes participantes, este evento podría abrirse a las

iglesias de toda la denominación. Tras la venta de entradas, cualquier beneficio se destina a apoyar a los misioneros que trabajan en el ministerio en cuestión. Esta misma idea podría adaptarse proyectando, en lugar de un concierto, documentales sobre un tema determinado.

5) Una iglesia podría organizar un seminario de formación para misioneros y empresarios. Los hombres y mujeres de negocios ayudarán a los misioneros en determinados ámbitos, como los conocimientos informáticos (cómo utilizar mejor los programas de procesamiento de textos, o Excel, o algunas nociones de contabilidad, o impuestos, etc.). Los misioneros ayudarán a los empresarios a compartir mejor el evangelio, o les mostrarán cómo empresarios o personas "políticas" de la Biblia (Abraham, Nehemías, Daniel, etc.), hicieron avanzar el reino de Dios. De este modo, los misioneros no reciben necesariamente apoyo financiero, pero sí formación empresarial, y los empresarios reciben conocimientos y oportunidades misioneras.

6) Una idea similar es que, una iglesia local capacite a personas para una profesión (peluquería, agricultura urbana, consultoría informática, reparación de coches, enseñanza de inglés o francés, etc.), y luego envíe a estas personas capacitadas como misioneros "hacedores de tiendas". La iglesia les apoyará en oración y con su regreso del campo de misión, pero no tendrá que aportar todo el salario del misionero, sino sólo una parte. Una misión en Etiopía realiza este tipo de formación y envía personas a países que no aceptan formalmente a alguien como misionero. Otra misión de Etiopía entrenó a una persona para cavar un pozo. Luego él mismo administraba el pozo y vendía agua a la comunidad.

7) Una iglesia podría organizar un partido de fútbol en el que los jóvenes jugarán contra los pastores y misioneros. La iglesia lanza una campaña previa en la que los miembros prometen dar tanto dinero por cada gol que marquen los jóvenes o los pastores/misioneros. Si ganan los pastores/misioneros, el 60 por ciento del dinero se destina a la misión y el 40 por ciento al programa juvenil. Si ganan los jóvenes, el grupo juvenil recibe el 60 por ciento de los fondos. O, alternativamente, no se juega un partido de fútbol sino una tanda de penaltis, y la gente promete tanto dinero por cada gol marcado por los pastores/misioneros o los jóvenes. Una vez más, el equipo que gana recibe el 60 por ciento de los fondos recaudados y el equipo que pierde recibe el 40 por ciento. (La iglesia puede elegir el porcentaje que quiera; estos porcentajes son simplemente sugerencias).

8) Una agencia misionera podría organizar "tardes exóticas", en las que los misioneros preparan una cena típica del campo misionero donde sirven, con música típica, ropa típica, una historia del país, etc. Esta tarde sirve para informar a los miembros de la iglesia sobre la misión, y el misionero en cuestión recibe los beneficios de la venta de entradas para asistir al evento.

9) Los autores cristianos podrían contribuir donando parte de sus derechos de autor a la misión, o aportando todos los derechos de autor de un libro especifico para apoyar a una familia misionera. Una familia misionera de Costa de Marfil se benefició de los *royalties* (las regalías) de un autor amigo por uno de sus libros. Los artistas cristianos pueden hacer lo mismo con sus discos; o dedicar uno de cada diez conciertos a la misión.

10) Una iglesia podría organizar un "concurso de preguntas sobre la misión", entre los jóvenes y los adultos, como una especie de iniciación a la misión. Los miembros de la iglesia compran una entrada barata para ver el espectáculo. De esta manera, los jóvenes de la iglesia aprenden más sobre la misión, al igual que los miembros de la iglesia, y una agencia o familia misionera recibe el beneficio de la venta de las entradas.

11) Una iglesia podría organizar una carrera ciclista, una carrera de 5K o 10K, etc, para sus miembros. La gente promete dar cierta cantidad de dinero por cada kilómetro que se corre/camina/anda y la recaudación se destina a la misión. Además, es muy bueno para la salud de los participantes. Se podría hacer lo mismo con equipos de baloncesto, o un concurso de "tiros libres", con una suma de dinero prometida por cada tiro libre acertado.

12) Los jóvenes de la iglesia podrían llevar agua y jabón y, un sábado al mes, por la tarde, lavar los vehículos de los miembros de la iglesia o de los vecinos. La mitad del dinero recaudado se entregará a una agencia misionera y la otra mitad se quedará para el grupo de jóvenes. O, como hizo un grupo de jóvenes en Etiopía, se colocan a la entrada de la iglesia con lustrador y limpian los zapatos de los que entran (si están de acuerdo). Estos "clientes" hacen una contribución y el dinero se destina a apoyar la misión. El principio, en este caso, es que los jóvenes prestan un servicio a los miembros de la iglesia y el dinero recibido se destina a la misión.

13) Una iglesia podría organizar una obra de teatro y los miembros de la iglesia podrían ser los actores. El producto de la venta de entradas se entregará a una agencia misionera o se destinará al sostenimiento de una familia misionera.

14) Unos cuantos vaqueros/agricultores cristianos podrían reunirse y enviar una vaca, una cabra, fruta, verduras, boniatos, arroz, etc, a una agencia misionera. Toda esta comida podría ser preparada por los miembros de la iglesia y luego congelarse para usarse durante varios meses en las clases de orientación misionera, los cursos de formación, etc. Hay iglesias en EE.UU. que hacen esto todos los años, y ayuda a reducir los costos de la agencia misionera.

15) Si la iglesia tiene una propiedad, podría cultivar lo que quisiera y destinar los ingresos a la misión. O si tiene un edificio con una oficina vacía, podría alquilar la oficina a otra persona y destinar los ingresos a la misión. La idea es que se puede utilizar lo que ya existe para misiones. Una agencia misionera en Costa de Marfil tenía un edificio con seis apartamentos, y el alquiler de los seis apartamentos se destinó a los gastos de funcionamiento del ministerio.

16) Una iglesia de Etiopía compró cientos de bolígrafos, les imprimió un versículo de la Biblia y los vendió al doble del precio de compra. Algunos miembros de la iglesia pagaron más del doble. El beneficio de la venta se destinó a la misión.

17) Una iglesia puede hacer pequeñas cajas de madera y distribuirlas entre sus miembros. En casa, una familia apasionada por la misión, puede depositar dinero regularmente en la caja, y un domingo determinado todas las familias que participan en este concurso llevan sus cajas a la iglesia. Allí, se abren las cajas y el dinero recaudado se destina a la misión, con premios (libros, Biblias, etc.) para quienes aportan las mayores cantidades. Una denominación eclesiástica de Etiopía utilizó esta práctica para generar fondos para la misión con gran éxito.

18) Los miembros del "grupo de inicio de misión", de una iglesia, podrían organizar la venta de artículos navideños, galletas, yogur, etc., y lo recaudado se destinaría a la misión. Podrían hacer pequeñas pulseras con el nombre de un país, una familia, un grupo de personas no alcanzadas, o cualquier otra cosa escrita en ellas. Las pulseras sirven de recordatorio para orar por el país o grupo de personas relacionado con el nombre.

Todos estos modelos, al igual que todos los eventos y actividades mencionados anteriormente, sirven para ampliar nuestra idea de lo que una iglesia, una agencia misionera, o un misionero, pueden hacer para reunir el apoyo financiero necesario para ir al extranjero a la misión global. Todos estos modelos son adecuados para la labor misionera en el Mundo Mayoritario y pueden adaptarse a cada situación. Si tan sólo más iglesias evangélicas conocieran estos diversos modelos, en lugar de centrarse únicamente en el modelo tradicional, creo que estas iglesias podrían participar más fácilmente en la misión global. Y estos modelos que ya están siendo utilizados por las iglesias del Mundo, Mayoritario, también pueden ser aplicados por las iglesias del Mundo Occidental, demostrando una especie de intercambio en términos de aprendizaje mutuo.

La siguiente ilustración ofrece una visión general del modelo tradicional con sus diversos retoques, junto con los otros modelos mencionados en este capítulo. Es útil ver cómo la financiación de la misión puede ser iniciada por un individuo o un grupo, y por una iglesia o una agencia misionera. Algunos modelos pueden ser iniciados por dos fuentes diferentes, como lo muestran las líneas discontinuas.

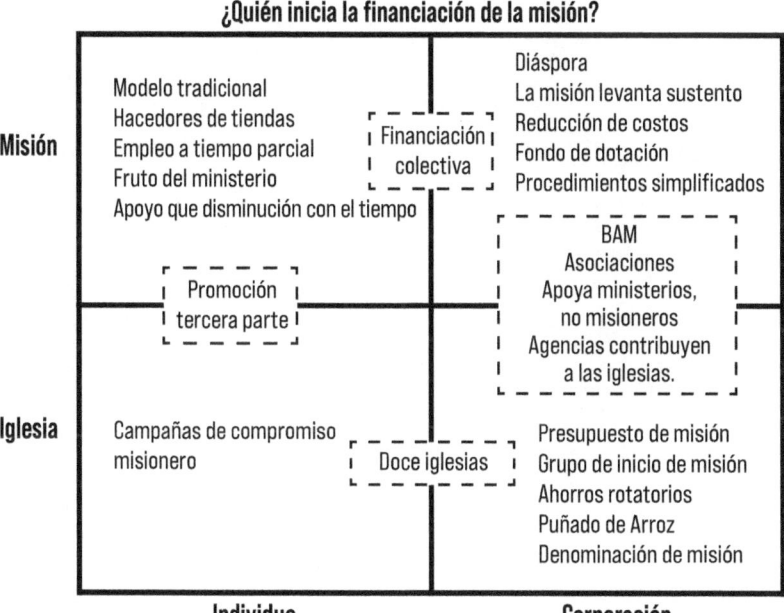

Capítulo 7

Beneficios de la Financiación de Misiones 2.0

La misión global es ante todo un ministerio de Dios. Dios es el autor de la misión; Él es quien busca reconquistar a Sus propias criaturas que le han rechazado, y Su búsqueda afecta a todas las personas de este planeta. Desde la creación de los seres humanos hasta el regreso de Jesús, Dios ha buscado, busca y buscará siempre, personas que le reconozcan como el Único Señor Dios de toda la tierra y de todas las naciones.

Desde el Génesis hasta el Apocalipsis, Dios se revela como un Dios misionero.[1] Respecto a esta misión de Dios, Glenn Smith (2005, 51) señala:

> La *missio Dei* establece la prioridad de la actividad misionera de Dios y caracteriza a Dios como un Dios que es, Él mismo, misionero por naturaleza. En este caso, la misión no puede entenderse principalmente como una actividad o un programa de la iglesia. Debe brotar de Dios mismo.

Así es como la iglesia de Dios colabora con lo que Dios ya está haciendo en el mundo. La misión no es sólo un programa de la iglesia, como dice Smith; es la *raison d'être* de la iglesia. O dicho de otro modo, no es tanto que el pueblo de Dios tenga una misión, como que, la misión de Dios tiene un pueblo. Esto ha sido así desde Génesis 1. Esto explica por qué la iglesia debe tomarse en serio la misión global. Puesto que la actividad misionera es la prioridad de Dios, la iglesia debe pensar seriamente en financiar esta prioridad.

A la luz de este punto estratégico, uno de los beneficios resultantes de esta investigación es identificar varios de estos nuevos modelos de financiación de la misión, lo que yo llamo Financiación de la Misión 2.0, y decidir cuáles serán los más adecuados para su situación en el Mundo Mayoritario. Estos modelos inspirarán a quienes desean

---

[1] A partir de Génesis 1:28, el primer versículo de la Biblia en el que Dios habla a los primeros seres humanos, Dios explica que Su plan de acción es para toda la tierra, porque al hombre y a su mujer se les ordena llenar la tierra. A menudo, esta orden se interpreta como una especie de "mandato cultural", pero no hay que pasar por alto el elemento espiritual. Si el elemento espiritual no fuera primordial, Dios no habría condenado a todas esas personas en Génesis 6 que en realidad estaban llenando la tierra. Pero, Dios quiere un pueblo que le obedezca como miembros de Su familia. Más tarde, Dios repitió este mismo mandato a Noé y a sus hijos, diciéndoles que llenaran la tierra (Gn 9:1). Después, le dijo a Abraham: "todos los pueblos de la tierra serán bendecidos por medio de ti" (Gn 12:3).

Este tipo de *missio Dei* universal puede verse en otros pasajes, como Josué 4:24, 1 Reyes 8:60, Salmos 2:8 y 96:3, Isaías 49:6, Mateo 28:19-20, Lucas 24:46-47, y Hechos 1:8. Y Dios seguirá siendo un Dios misionero en el futuro. Apocalipsis 5:6 habla de "los siete espíritus de Dios enviados por toda la tierra". Tres versículos después (5:9), vemos la adoración a Dios proveniente de gente "de toda tribu y lengua y pueblo y nación." Luego, en Apocalipsis 21:24, vemos que "las naciones caminarán a la luz [del Cordero], y los reyes de la tierra traerán su esplendor a ella." Además, habrá un árbol de la vida cuyas hojas "serán para la sanidad de las naciones" (22:2). De principio a fin, Dios tiene un corazón para todas las naciones y todos los pueblos de la tierra. Es y seguirá siendo un Dios misionero.

participar en la misión, pero que no saben cómo hacerlo. Al proponer estos otros modelos, las iglesias evangélicas de África, Asia, Europa del Este y América Latina, sabrán que existen otros modelos de financiación más adecuados a su situación. Como resultado, estos nuevos modelos de financiación de las misiones permitirán que más misioneros sean enviados a todo el mundo, ya que les resultará menos difícil encontrar recursos financieros.[2]

Este crecimiento de la mano de obra misionera no sólo afectará al Mundo Mayoritario, que utilizará modelos tanto de la Financiación de Misiones 1.0 como de la 2.0, sino que puede afectar igualmente al mundo Occidental, que también debería experimentar con estos nuevos enfoques. Unos modelos de búsqueda de apoyo financiero mejor adaptados y adecuados al Mundo Mayoritario, deberían permitir que la iglesia envíe un mayor número de misioneros por todo el mundo. Con la implantación de mejores modelos de financiación, el número total de misioneros del Mundo Mayoritario debería aumentar aún más, ya que el modelo tradicional impide enviarles más que a los misioneros occidentales. Esto significa que el misionero "promedio", en el futuro, será cada vez menos una persona blanca y cada vez más una persona de color. Y lo que es más importante, significa que el equipo misionero "promedio" estará formado por personas de muchas partes del mundo. La fuerza misionera global reflejará mejor a la iglesia global.

En consecuencia, serán posibles otros dos beneficios. Dado que, gran parte de la iglesia mundial procede de países económicamente desfavorecidos, los misioneros de estos países estarán acostumbrados a vivir con un salario mucho más bajo que sus colegas occidentales. Los fondos que se utilizan para enviar a un solo misionero occidental pueden servir para enviar a muchos más misioneros del Mundo Mayoritario; algunos, como McQuilkin (1999), dirían que hasta cincuenta más. Así pues, aunque la financiación de las misiones en dólares no aumente, el número de misioneros aumentará, sin duda, debido al contexto económico de estos nuevos misioneros.

Otro beneficio será el ministerio a los desfavorecidos y pobres en el campo misionero. Los misioneros occidentales tienen grandes dificultades para llegar a estas personas, ya que no pueden vivir en este

---

[2] Esto supone que la iglesia siempre tendrá un corazón para la misión, como lo tiene hoy, y que siempre tratará de involucrarse seriamente en la misión global.

contexto de pobreza. En cambio, los misioneros del Mundo Mayoritario tienen menos dificultades para llegar a estas personas, pues, ellos mismos, ya han vivido muy de cerca esta situación económica más difícil. La adaptación no será necesariamente fácil, porque siempre habrá una adaptación a la cultura y a la lengua, pero será más fácil para ellos, que para muchos otros que proceden de un entorno con más comodidad.

Vinculado a este creciente número de misioneros, otro beneficio es que habrá un mayor número de países "restringidos" que aceptarán "trabajadores" cristianos. Cuantos más países acepten, sin saberlo, a cristianos que vendrán a trabajar en áreas como la economía, la educación, la sanidad pública, las telecomunicaciones, la informática y otros campos; lo más probable será que estos trabajadores tengan un impacto positivo para Jesucristo. Estas estrategias existen desde hace tiempo, pero el modelo de financiación para estas personas será una cosa menos que las vinculará estructuralmente a la iglesia cristiana, facilitándoles la entrada de incógnito en estos países oficialmente anticristianos. Al eliminar el "rastro de papel cristiano", el trabajador se sentirá más cómodo haciendo su trabajo. Es poco probable que el resultado sea una explosión del crecimiento de la iglesia en estos países, sino, más bien, un aumento lento pero seguro del número de seguidores que residen allí. La iglesia acogerá con satisfacción este resultado.

Con modelos de financiación más adecuados, otro beneficio será que los misioneros podrán dedicar todo su tiempo a ministrar en lugar de preocuparse por la falta de apoyo o, peor aún, que abandonen el campo de misión para buscar más fondos, como le ocurrió a "L" en el capítulo 3. Un misionero que puede dar el 100% a su ministerio, pasará por muchas menos preocupaciones que un misionero que, a menudo, se distrae por la falta de fondos. Estos otros modelos de financiación no garantizarán más fruto en el ministerio, pero sí un mejor esfuerzo por parte del misionero, en igualdad de condiciones.

Por último, si los modelos de financiación misionera se adaptan mejor a los contextos del Mundo Mayoritario, el número de misioneros "individualistas" debería disminuir. Por supuesto, seguirá habiendo un cierto número de misioneros individualistas, porque este fenómeno está más relacionado con la personalidad y la cultura que con un simple modelo de financiación. Pero, al depender menos del modelo tradicional, la tendencia al individualismo en la búsqueda de apoyo financiero disminuirá, y esto tendrá un efecto positivo en la vida y el ministerio del misionero. Hay que recordar, sin embargo, que otros modelos, como el de "hacedores de tiendas", pueden atraer a personas de naturaleza individualista.

El problema del misionero independiente, individualista, "no necesito ayuda de nadie", no va a desaparecer de la noche a la mañana. Pero, con el aumento del número de misioneros procedentes de un entorno más comunitario y la disminución del modelo tradicional de recaudación de fondos, con el tiempo, debería notarse un impacto menos individualista en el campo misionero. Si es así, será otro beneficio positivo en el mundo de la misión global.

Capítulo 8

¿Qué dice la Biblia sobre apoyo misionero?

Tanto el Antiguo como el Nuevo Testamento ofrecen ejemplos de personas enviadas a una misión por Dios: Abraham, Jonás, Pablo y Bernabé. Sin embargo, es el Nuevo Testamento el que habla mucho más directamente de los principios de financiación de las misiones; por lo que, los principios que examinaremos se tomarán de sus páginas. Y se dedicará mucho espacio a las prácticas modernas que se derivan de estos principios de financiación.

¿Quién financia la misión en el Nuevo Testamento?

Hay varios ejemplos de financiación misionera en las páginas del Nuevo Testamento. He aquí algunas posibilidades que las iglesias evangélicas del Mundo Mayoritario podrían considerar.

Trabajando en el campo misionero.

Un misionero puede satisfacer sus propias necesidades financieras trabajando en el campo. Esto se puede ver en la vida del Apóstol Pablo y también en la vida de Aquila y su esposa Priscila, durante su estancia en Corinto (Hechos 18:3). Ellos trabajaban en el oficio de la fabricación de tiendas, que incluía el trabajo del cuero. Pablo también trabajó, con sus manos, durante su estancia en Éfeso (Hch 20:33-35; 1 Co 4:12) y Tesalónica (1 Ts 2:9). Al mismo tiempo, menciona que Bernabé también trabajó durante sus viajes misioneros (1 Cor 9:6), sin mencionar la naturaleza de su trabajo.

La *Biblia de Estudio Semeur 2000* señala que, "contrariamente a la mentalidad pagana, el judaísmo valoraba el trabajo manual. Los profesionales se agrupaban en hermandades en las cuales, todos, podían encontrar una red de relaciones y apoyo" (Kuen, Paya y Buchhold 2005, 1671). Allison Trites (2015, 2013) añade que, "según la costumbre judía, a un hijo se le asignaba un oficio manual, incluidos los jóvenes destinados al rabinato o a otras profesiones." Es interesante señalar que Hechos 18:3, bien puede indicar que Priscila se dedicaba al mismo oficio que su marido.[3]

El fruto del ministerio.

Un misionero puede recibir apoyo de aquéllos que han respondido positivamente a su mensaje, o de las iglesias que ha establecido; y este apoyo puede incluir comida, alojamiento, etc., además de dinero. Los nuevos creyentes proporcionaron alojamiento y comida a Pedro en Jope (Hch 9:43; 10:6, 32) y Cesarea (Hch 10:48). Pablo plantó la iglesia en Corinto. Luego explicó, minuciosamente, a los corintios que los

---

[3] La *Biblia de Estudio Semeur 2000* (Kuen, Paya y Buchhold 2005, 1670-71) traduce Hechos 18:3 diciendo: "Como él [Pablo] tenía el mismo oficio que ellos - hacían tiendas -, se quedó con ellos y trabajaron juntos". La *Parole Vivante*, de Alfred Kuen (1976, 408), traduce el versículo: "Como se dedicaban al mismo oficio que él, es decir, fabricaban telas para tiendas, lo tomaron como compañero y lo alojaron con ellos". Parece que Priscila trabajaba junto a su marido en el negocio de la fabricación de tiendas.

misioneros tienen derecho a recibir alimentos y bienes materiales de aquéllos a quienes les predican el evangelio, aunque él mismo decidió no ejercer ese derecho (1 Co 9:3-18; 2 Co 12:13).

Pablo dice que, buscar ese apoyo no fue una idea que se le ocurrió a él, sino que, en realidad, es un mandato del Señor (1 Cor 9:14); lo que probablemente sea una referencia a las palabras de Jesús en Lucas 10:7. En otros lugares, Pablo habla a los corintios de su posible necesidad de alojamiento, transporte, etc., y espera esas cosas de las personas a las que ha ayudado a crecer en la fe (1 Co 16:6, 11; 2 Co 1:16). Pablo aplica este mismo principio a quienes ejercen de pastores o maestros en la iglesia local (Gal 6:6; 1 Tim 5:17-18).[4]

Apoyo de extraños o recién llegados.
Un misionero también puede recibir el apoyo de nuevos conocidos o de iglesias que, él mismo, no ha establecido. Pedro visitaba a los creyentes de Lida (Hch 9:32), al parecer por primera vez, y es probable que atendieran sus necesidades materiales. Pablo habla a los fieles de la iglesia de Roma sobre sus necesidades relacionadas con su próximo viaje a España, aunque nunca antes los había visitado (Rom 15:24). En relación con este viaje misionero, Pablo les dice a estos creyentes que espera ser "asistido" por ellos. Del mismo modo, el apóstol Juan recomienda que una iglesia local apoye a algunos evangelistas y misioneros extranjeros visitantes (3 Juan 5-8). Estas ideas serán exploradas más adelante en este capítulo.

Apoyo único.
Amigos, conocidos, o iglesias, pueden contribuir una sola vez para satisfacer una necesidad inmediata. En los primeros días del ministerio de Pablo, la iglesia de Antioquía ayudó a Pablo, a Bernabé y a otros creyentes en su viaje a Jerusalén para asistir a un importante concilio de la iglesia (Hechos 15:1-3). Lo más probable es que esta ayuda cubriera los gastos de comida y alojamiento durante el viaje. Hacia el final de su ministerio, Pablo pidió a Tito, muy probablemente con ayuda de la iglesia de Creta, que proveyera para el viaje de dos colaboradores y que "cuidara de que tuvieran todo lo necesario" (Tito 3:13).

---

[4] Primera de Timoteo 5:18 es, probablemente, la segunda referencia de Pablo a Lucas 10:7. La primera está en 1 Corintios 9:14, donde Pablo habla del derecho de los apóstoles a "vivir del evangelio". Si Pablo cita a Jesús de esta forma, sugiere que los evangelios se escribieron y circularon antes de lo que se suele pensar.

Apoyo financiero "regular".

Los principios anteriores se refieren generalmente a necesidades eventuales. Pero, las iglesias, también pueden proporcionar apoyo financiero de forma regular. La iglesia de Filipos envió ayuda a Pablo "más de una vez", durante su estancia misionera en Tesalónica (Flp 4:16) y una vez más, cuando estaba prisionero en Roma (Flp 4:18). Pablo estaba agradecido por esta renovada expresión de sus sentimientos hacia él, que se manifestaba en los "regalos" que los filipenses habían enviado a través de su representante, Epafrodito. Incluso, parece que la iglesia de Filipos había enviado a Epafrodito no sólo para entregar sus regalos, sino también para ayudar al apóstol como "colaborador y compañero de milicia" (Flp 2:25).

Durante su estancia en Corinto, Pablo recibió, regularmente, ayuda económica de las iglesias de Macedonia (2 Cor 11:8-9).

Semeur [Kuen, Paya y Buchhold 2005, 1778]).[5] Kuen (1976, 575) apoya esta idea, traduciendo 2 Cor. 11:8 de la siguiente manera: "He empobrecido a otras iglesias aceptando subsidios de ellas para ministrar entre vosotros". En cuanto a la palabra subsidios, Kuen (1976, 575) señala:

> El Apóstol utiliza una palabra para la ración o paga del soldado. Se trata, por tanto, de subsidios regulares y continuos, presumiblemente de la iglesia de Filipos (cf. Filipenses 4:15).

Envío de personal.

Las iglesias pueden apoyar un ministerio enviando personal, no sólo dinero. Juan Marcos ayudaba a Pablo y a Bernabé, y es probable que su iglesia estuviera consciente de esa ayuda (Hch 12:25; 13:5). La iglesia de Listra les confió a Timoteo a los misioneros Pablo y Silas (Hch 16:1-3). Pablo viajó con otros jóvenes en sus viajes (Hch 20:4), probablemente con el acuerdo de sus iglesias. Como ya se ha mencionado, la iglesia de Filipos le confió a Epafrodito a Pablo mientras, el apóstol, estaba en Roma esperando su audiencia ante el emperador (Flp 2:25, 30). Según Kuen (1976), es posible que la "ayuda" que Pablo solicitó para su viaje a España incluyera personal (Rom 15:23-24).[6]

---

[5] Segunda de Corintios 11:8 dice: "He robado a otras iglesias que regularmente me han enviado dinero para ministrar entre vosotros" (énfasis añadido).

[6] Kuen dice que el verbo griego *propempō, enviar por el camino/asistir en el viaje* significaba "proporcionar direcciones, recomendaciones, provisiones para el camino y, posiblemente, personas que pudieran acompañar" (*Parole Vivante* N.T., 493, nota al pie de página).

Apoyo solicitado por un tercero.
La ayuda económica o material puede ser solicitada por un tercero. Pablo le pidió a la iglesia de Corinto que ayudara a Timoteo, tanto en su estancia en Corinto, como en su viaje posterior de regreso a Pablo (1 Cor 16:11). Pablo también le pidió a Tito y, muy probablemente, a las iglesias de Creta, que mantuvieran a Zenas y a Apolos, incluido su viaje, y que "procuraran que nada les faltara" (Tito 3:13). Por último, Pablo le pidió a la iglesia de Colosas que acogiera a Marcos si venía de visita (Col 4:10).

Pablo se sentía responsable de sus colaboradores y procuraba facilitarles el viaje y satisfacer sus necesidades físicas y materiales, en la medida de lo posible. Como apóstol, él creía que tenía la autoridad para pedir esas cosas en nombre de sus compañeros.

Emergencias humanitarias.
Una iglesia local, también, puede contribuir económicamente para hacer frente a emergencias humanitarias. La iglesia de Antioquía le envió ayuda a los hermanos y hermanas de Judea que estaban pasando hambre (Hechos 11:28-30). Esta iglesia, compuesta por un gran número de no judíos, era sensible a las necesidades materiales de la iglesia totalmente judía de Jerusalén. Tal vez, el hecho de que Bernabé y Saulo fueran elegidos para llevar esta ofrenda monetaria a Jerusalén y al ser fieles en esta tarea, fue un factor en su selección, por el Espíritu Santo, para su viaje misionero. Y el hecho de que esta iglesia de Antioquía ya había sido fiel y generosa con sus finanzas; puede haber sido un factor influyente, utilizado por el Espíritu Santo, para lanzar activamente la misión mundial.

Las iglesias de Corinto, Galacia, y Macedonia, también aportaron fondos para ayudar a las necesidades materiales de los santos de Jerusalén (1 Co 16:1-4; 2 Co 8 y 9). Hacer frente a una hambruna o a cualquier escasez que experimenten los hermanos y hermanas en la fe, es un valioso uso de los recursos de la iglesia. En estos textos se encuentran varios principios financieros adicionales, los cuales veremos en la siguiente sección.

¿Cuál es la forma adecuada de dar?
En el Nuevo Testamento también hay varios principios sobre cómo contribuir económicamente a la obra de Dios; no se limitan a las donaciones destinadas a la misión mundial. Estos principios se aplican universalmente a todas las contribuciones a la iglesia cristiana y a sus diversos ministerios.

Proporcional a los ingresos.
La cantidad de lo que se da a Dios es proporcional a los ingresos de cada uno (1 Co 16:2). Esto significa que cada persona debe conocer sus ingresos y luego, pensar con anticipación cuánto puede apartar para la obra de Dios. Cuando Pablo llegara, ya no se trataría de recaudar dinero para las necesidades económicas de la iglesia de Jerusalén, sino, simplemente, recoger lo que ya se había aportado. En este pasaje está implícita la idea de un presupuesto familiar: Saber de antemano cuánto dinero entraría y saldría en general. Al mismo tiempo, la idea de donaciones voluntarias también está implícita en este texto, pues cada persona debería "apartar una suma de dinero". Comenta John MacArthur (2006, 1769):

> El N.T. nunca especifica la cantidad o el porcentaje de lo que se debe dar para la obra del Señor. Toda ofrenda al Señor debe ser voluntaria y hecha sobre la base de una decisión personal.

La buena voluntad de quienes contribuían económicamente también se menciona en 2 Corintios 8:10-12 y 9:2. Este versículo de 1 Corintios 16:2, también, habla de apartar dinero el primer día de la semana, es decir, de contribuir regularmente para apoyar el ministerio. Pero, ya he discutido, anteriormente, el principio de dar con regularidad.

Con generosidad.
Un principio paralelo es el de la generosidad hacia la obra de Dios. En relación con las ofrendas para los creyentes que sufrían en Jerusalén, el apóstol Pablo animó a los cristianos de Corinto a "sembrar con generosidad", no con desgana u obligación, sino con alegría (2 Co 9:6-7). Si se puede dar conforme a los propios ingresos, según el principio anterior, también se puede dar por encima de las propias posibilidades, como lo hicieron los cristianos de Macedonia (2 Co 8:3). Es evidente que tal generosidad puede aplicarse a cualquier tipo de caridad, desde la misión mundial, hasta las donaciones en favor de los necesitados.

Observamos en varios de estos ejemplos que los que dan no son ricos; los creyentes pobres también pueden ser generosos. Este mismo principio se ve en Hechos 11:29, donde, en Antioquía, "los discípulos, según las posibilidades de cada uno, decidieron prestar ayuda a los hermanos que vivían en Judea." Lo vemos de nuevo en 2 Corintios 8:2, donde los creyentes de Macedonia, a pesar de "su extrema pobreza", mostraron una "rica generosidad" a causa de "su alegría desbordante." La generosidad es más un estado del corazón que de la cartera, y esta generosidad puede aplicarse a cualquier obra de Dios, incluida la misión mundial.

Varias personas gestionando el dinero.
Un último principio es que, muchas personas son mejores que una sola cuando se trata de dinero. En 1 Corintios 16:3-4 vemos que Pablo propone a "los hombres que tú apruebes", para que lleven la colecta a Jerusalén y él se ofrece como voluntario para acompañarlos. En 2 Corintios 8 vemos que Tito participó en la recaudación de fondos (vv. 6, 16, 17), y que debía ir acompañado de un hermano elegido por las iglesias (vv. 18-19), y de un tercer hermano que confiaba en los corintios y era celoso del proyecto (v. 22). En estos dos pasajes está implícito el principio de rendir cuentas a los demás sobre cómo se gasta el dinero.

Repasando un término clave

Continuaremos este capítulo sobre los modelos bíblicos de apoyo misionero, haciendo algunas observaciones sobre la palabra griega que se utiliza, con frecuencia, en los pasajes anteriores: la palabra προπέμπω (propempō). A menudo, se traduce al español como "enviar de camino", pero su significado es más amplio que el mero hecho de desearles buen viaje. Veremos brevemente cinco pasajes del Nuevo Testamento en los que se utiliza esta palabra, ya que es un término clave para entender la financiación de las misiones.

Hechos 15:3
Como hemos visto, Hechos 15 relata la trascendental ocasión en que la iglesia de Antioquía decidió enviar a Pablo, a Bernabé y a algunos otros a Jerusalén, para tratar una grave cuestión teológica. En el versículo 3, Lucas, el autor de Hechos, dice que: "La iglesia los despidió...". Este pasaje muestra que cuando una iglesia local se enfrenta a un problema teológico grave, tiene el derecho - incluso el deber - de hacer todo lo posible para ayudar a resolverlo. En el capítulo 15 de los Hechos, la iglesia de Antioquía envió a sus mayores dirigentes a Jerusalén, para participar en el concilio que se estaba convocando. Teniendo en cuenta de quiénes fueron los que viajaron a Jerusalén, es probable que la iglesia de Antioquía hiciera algo más que escoltarlos hasta las puertas

de la ciudad. Es de suponer que la iglesia de Antioquía proporcionó comida para el comienzo del viaje, y una cierta cantidad de dinero para el viaje a pie hasta Jerusalén, cubriendo los gastos de alojamiento, comida, etc., que son algo más que los gastos de transporte.

Cabe señalar, de paso, que quienes recibieron esta ayuda eran miembros de la misma iglesia que ofreció el apoyo; es decir, los donantes atendieron las necesidades materiales de algunos de sus propios miembros. Este hecho podría haberles motivado a ser especialmente generosos.

Romanos 15:24
También hemos mencionado antes este pasaje de Romanos 15. En el versículo 24, el apóstol Pablo escribe: "Espero veros de paso y que me ayudéis en mi viaje [a España]". Aquí Pablo expresa su deseo de visitar a la iglesia de Roma, una iglesia que nunca había visitado antes. Le gustaría pasar por Roma para ver a los creyentes de allí y luego ir a España, donde, se supone, "predicaría el evangelio donde Cristo no era conocido" (Rom 15:20). No sería una visita corta desde Roma hasta España.

Dado el supuesto propósito y alcance de este viaje a España, la iglesia de Roma disfrutará de la compañía del apóstol Pablo, y luego se supone que "le [asistirán] en [su] viaje." Una vez más, las diferentes versiones de la Biblia traducen *propempō* utilizando diversos términos, pero, especialmente, utilizan algo acorde con "ayúdame en mi viaje."

Pero, ¿de qué tipo de ayuda estamos hablando aquí? Hemos visto la observación de Kuen, anteriormente, donde dice que esta ayuda no se limita a la asistencia financiera, sino que también incluye consejos prácticos, provisiones materiales, e incluso, personas que pudieran acompañar a Pablo. Tal vez su audacia al pedir tanto a estos hermanos y hermanas se deba al hecho de que Pablo conocía, bastante bien, a algunas de las personas de esta iglesia, lo que resulta evidente cuando se leen sus saludos en el capítulo 16 de la epístola. Pero, no hace falta decir que, un viaje misionero a una nueva parte del mundo necesitará un tipo de recursos más completo que sólo unas pocas monedas.

1 Corintios 16:6, 11
La palabra *propempō* se encuentra dos veces en 1 Corintios 16, primero en el versículo 6 y luego en el versículo 11. Se traduce de varias maneras; pero, más comúnmente, por "ayúdame [a mí]" y "envíame [a mí / a él]

por [mi / su] camino". En este pasaje, el apóstol Pablo quiere ayuda, primero para sí mismo y luego para su colaborador, Timoteo. Nótese que Pablo no les pide ayuda; esencialmente les dice que ayuden. Es casi como si les estuviera dando una orden, especialmente en lo que se refiere a Timoteo, ya que utiliza la forma imperativa del verbo.

Observamos en este pasaje que la "ayuda" deseada va más allá de la mera ayuda económica, ya que Pablo parece esperar que se le proporcione alojamiento durante varios meses. Sería lógico pensar que los corintios, también, le proporcionarían cama y comida durante su estancia con ellos. Además, cuenta con que le ayuden económicamente en su siguiente viaje, en primavera, cuyo objetivo no era evangelizar a los gentiles, sino ayudar económicamente a los creyentes de Jerusalén que pasaban penurias materiales. Se trataba, pues, más bien de un viaje social o humanitario el que Pablo tenía en mente.

Por tanto, concluimos que esta ayuda, procedente de los corintios, se refiere a algo más que dinero, y que está destinada a más de una persona. Podríamos deducir que el apóstol pasaría su asignación en Corinto y que la iglesia local le proporcionaría todo lo que necesitase, así como los medios necesarios para que pueda reanudar su viaje después. Además, la iglesia ayudará a un amigo personal y colaborador de Pablo para que él, también, pueda continuar su viaje y regresar junto a Pablo y su equipo misionero.

Tito 3:13-14

Aunque el verbo *propempō* sólo se encuentra en Tito 3:13, el versículo 14 completa la idea de apoyar a dos colaboradores misioneros del apóstol Pablo. En el versículo 13, Pablo le dice a Tito que se encargue del viaje que harán sus dos colaboradores, Zenas y Apolos. Varias versiones de la Biblia traducen la palabra griega *propempō* con "apresúralos en su camino" (ESV)[7]; "ayúdalos con su viaje" (NLT); "ayúdalos en su camino" (NIV); "dales una cordial despedida" (MSG). Una vez más, Pablo no le pide a Tito que haga esto; espera que él lo haga.

---

[7] Nota de traducción: Las versiones de la Biblia mencionadas (ESV, NLT, NIV, MSG) son del idioma inglés. Se hizo una traducción de los textos mencionados por el autor, sin conexión con sus versiones equivalentes en el español.

Es interesante notar que Pablo le da este imperativo a Tito, como si este líder de la iglesia debiera cubrir los gastos de viaje de estos otros dos hombres él solo. Quizá esto explique el versículo siguiente, en el que Pablo se apresura a añadir que todos los demás creyentes deben participar; "haciendo lo que es bueno" proveyendo para las necesidades apremiantes de estos compañeros de misión.

Por lo tanto, podemos sacar la conclusión de que los líderes eclesiásticos deben actuar en dos frentes con respecto a la misión. Pueden participar personalmente, y pueden motivar a otros a participar también. Pero en ambos casos, Pablo espera que los donantes sean generosos, porque se espera que contribuyan para que Zenas y Apolos "tengan todo lo que necesitan". Incluso, si estos creyentes de Creta son nuevos conversos, que probablemente sea el caso, Pablo quiere que aprendan a ser generosos.

Apolos participó activamente en un ministerio de plantación de iglesias, tanto en Éfeso como en Corinto (Hechos 18:24-28; 1 Cor 3). Era de etnia egipcia, un hombre hábil en el debate público que tenía "un profundo conocimiento de las Escrituras". En cuanto a "Zenas, el abogado", sin embargo, Tito 3:13 es el único versículo de la Biblia que habla de él. No se sabe por qué Zenas viajaba con Apolos, pero es muy posible que desempeñara algún tipo de función administrativa, dado su título de abogado. Algunos comentaristas lo consideran experto en derecho romano; otros, experto en derecho judío y, por tanto, colaborador de Pablo en la evangelización. Es imposible llegar a una conclusión definitiva sobre esta cuestión. Pero si la primera conclusión es correcta, significaría que Pablo alentó la "ayuda" financiera no sólo para un colaborador misionero (Apolos), sino también para alguien que pudo haber sido un asistente administrativo o legal (Zenas).

En el versículo 14, Pablo dice que estos nuevos creyentes deben "dedicarse a hacer lo que es bueno, para cubrir las necesidades urgentes y no vivir vidas improductivas." El apóstol enmarca esta contribución a la misión en el principio de participar en las buenas obras, que es; uno de los temas principales de esta carta a Tito. Por tanto, la generosidad no sólo puede beneficiar a quienes van al campo de misión, sino que también, puede ayudar al dador a llevar una vida productiva.

3 Juan 5-8

El último pasaje que examinaré se encuentra en una de las epístolas más breves del Nuevo Testamento - 3 Juan. El verbo *propempō* se encuentra en el versículo 6, y algunas versiones diferentes traducen el contexto de la siguiente manera: "Envíalos en su camino" (ESV); "ayúdalos en su camino" (MSG); "envíalos en su camino" (NIV); "continúa proveyendo para ellos" (NLT). En esta pequeña carta, el apóstol Juan agradece a su amigo, Gayo, por haber acogido a "misioneros itinerantes" (v. 7 AMP), o "maestros itinerantes" (v. 5 NLT). Juan, felicita a Gayo por su hospitalidad hacia personas que son hermanos y hermanas en el Señor, pero que también son "extranjeros para ti" (v. 5).

Sin embargo, esta hospitalidad no es todo lo que Gayo debe ofrecer. Juan, también, anima a Gayo a que les facilite el viaje una vez que estén preparados para dejar su casa y continuar su misión en otro lugar. Estas son las dos responsabilidades de los cristianos hacia aquéllos que sirven al Señor por fe: "Es, pues, nuestro deber (cristiano) acoger a esos hombres y apoyarlos. Así, colaboraremos en lo que hagan para difundir la verdad" (3 Juan 8, Kuen 1976, 784).

Este pasaje muestra, claramente, que se necesita todo un equipo de personas para participar en la misión: Los que salen como misioneros y los que contribuyen por otros medios, como la oración, la hospitalidad y las finanzas. Uno no puede ser eficaz sin el otro.

Para resumir las ideas que se desprenden de la palabra griega *propempō* y "ayudar a los misioneros en su camino", ofrezco el siguiente cuadro:

Cómo "enviar" a alguien en misión. (Palabra griega: προπέμπω, *propempō*)

Referencia	¿Quién "envía"?	¿Quién es enviado?	El "enviar" incluye…	¿Con qué propósito?
Hechos 15:3	La "iglesia local" de Pablo en Antioquía.	Pablo, Bernabé y otros creyentes.	Comida, suministros, finanzas.	Resolver un problema teológico/eclesiástico.
Romanos 15:24	La iglesia en Roma, la cual Pablo no había fundado o visitado.	Pablo	Finanzas, información, consejo, quizás personal.	Viaje Misonero a España. (Ver Rom. 15:23-24)
1 Corintios 16:6,11 (También 2 Corintios 1:16)	Una iglesia fundada por Pablo.	Pablo, Timoteo.	Alojamiento, comida para Pablo, medios de transporte para Timoteo.	"Asignación" misionera para Pablo, Viaje de Timoteo, próximo viaje de Pablo a Jerusalén para ayudar a los creyentes necesitados.
Tito 3:13-14	Una iglesia que Pablo puede haber fundado; Tito es el líder de la iglesia.	Zenas el abogado, Apolos.	Finanzas, "necesidades diarias". ("Haz todo lo que puedas…para que tengan todo lo que necesitan".)	Administrativo/Asistencia legal, y/o misión evangelística.
3 Juan 5-8	La iglesia de un amigo/hijo espiritual.	Evangelistas y misioneros desconocidos.	Alojamiento, comida, suministros, finanzas. ("Envíalos en su camino de una manera digna de Dios".)	Misión evangelística.

¿Cuál es la evidencia bíblica sobre el papel de la Iglesia del Mundo Mayoritario en la misión?

Aunque la presencia africana en el Nuevo Testamento no aborda el aspecto financiero de la misión, creo que es importante que la iglesia del Mundo Mayoritario vea, hoy, la presencia africana en el Nuevo Testamento y cómo ha influido en la misión global. Es obvio, que la mayoría de estas otras regiones - Asia Central y Oriental, América Latina y Europa del Este, no eran conocidas o apenas lo eran, por los escritores del Nuevo Testamento. Aunque estas otras regiones del mundo no fueron mencionadas explícitamente, yo mantendría que África representa el resto del Mundo Mayoritario en lo que se refiere a su presencia bíblica.

Incluso, la presencia africana en el Nuevo Testamento no es fácil de identificar. El "eunuco", etíope, de Hechos 8, es un conocido seguidor africano de Jesucristo, pero desapareció rápidamente de la escena. Aparte de este hombre, ¿qué otros africanos aparecen en la época de la iglesia primitiva? Tres pasajes del libro de los Hechos revelan a otras personas, lo que nos permite responder mejor a esta pregunta.

Hechos 2

Cuando el Espíritu Santo vino sobre los discípulos, las "lenguas" se mencionan varias veces. Dos palabras griegas son usadas para "lenguas" en Hechos 2. La primera es la palabra *glossa* (versos 3, 4 y 11), que también se usa en 1 Corintios 14, donde Pablo enseña sobre el don de hablar en lenguas. El contexto en 1 Corintios nos ayuda a entender que "glossa" se refiere a lenguas extáticas y desconocidas. Sin embargo, en Hechos 2, el contexto es muy claro que las "lenguas" de las que se habla se refieren a lenguas conocidas. La multitud estaba asombrada porque, según el versículo 11, los discípulos estaban "declarando las maravillas de Dios en nuestras propias lenguas (*glossa*)."

La segunda palabra para "lenguas" es *dialektos* (versículos 6 y 8), de la que se deriva la palabra inglesa *dialect*. Una vez más, está claro que los discípulos hablaban en lenguas conocidas, ya que el versículo 6 habla de "su propia lengua", y el versículo 8 habla de "nuestra lengua materna" (cada vez dialektos).[8]

---

[8] Algunos comentaristas creen que el milagro consistió en "oír" más que en "hablar", es decir, que los discípulos hablaban en *glossa* extática, pero los oyentes les oyeron, milagrosamente, hablar en su lengua materna. Pero, hay que preguntarse: Si los

Los que escuchaban a los discípulos procedían de todo el mundo conocido: Se mencionan quince regiones diferentes, dos de las cuales están en África: Egipto y el territorio vecino en torno a la ciudad de Cirene, en el este de Libia. También figuran en la lista, gentes de Asia y Europa.

Estos peregrinos que acudieron a Jerusalén para el Día de Pentecostés, eran "judíos temerosos de Dios" (versículo 5). Aquí, hay que plantearse una pregunta importante: ¿Eran israelitas que habían emigrado a estas diferentes regiones y ahora estaban de vuelta en casa? ¿O eran nativos de estas quince regiones diferentes? Hay dos razones por las que la respuesta, a ambas partes, de esta pregunta es afirmativa.

Una razón es que el versículo 11 los llama "judíos y conversos al judaísmo". Un "judío" era, obviamente, una persona que venía de Israel. Pero, la palabra técnica usada aquí para "conversos al judaísmo" es "prosélitos". Un prosélito se define como un converso al judaísmo que procede de un entorno gentil, es decir, no judío. Esta palabra proviene del término hebreo *gēr*, que se refiere principalmente a un residente extranjero (Trebilco 2010). Así pues, un prosélito era inicialmente un gentil, alguien que procedía de un país distinto de Israel. Así que, vemos que los presentes en este festival eran tanto israelitas como extranjeros.

Una segunda razón que apoya una gran presencia extranjera es que, los discípulos declararon las maravillas de Dios en su "lengua nativa". ¿Cuál era la lengua materna de un israelita que había emigrado a otro lugar? Era el hebreo/arameo. Si los mencionados eran israelitas que sólo habían emigrado a esas otras partes del imperio, su lengua materna habría sido la misma que la de los discípulos. No habría sido necesario un milagro del Espíritu Santo para hablarles en otras lenguas. El hecho de que los discípulos necesitaran hablar en otras lenguas maternas, nos muestra que muchas de estas personas eran hablantes nativos de esas lenguas, por lo tanto, nativos de esas regiones.

En cuanto a África, esto significa que no sólo había israelitas que habían emigrado a Egipto, sino también egipcios que hablaban la lengua egipcia. No sólo había israelitas que vivían en Libia, sino también libios que podrían haber hablado una lengua bereber. Craig Keener (1993, 322-23) dice en *The IVP Bible Background Commentary:*

---

oyentes realmente oían otra lengua, ¿cómo podrían afirmar, y mucho menos probar, que no se hablaba tal lengua? Lo único que sabrían es lo que oyeron. No hay ninguna indicación, en este pasaje, de que otras personas lo oyeran de forma diferente. A mí, me parece que esa interpretación se basa más en lo que algunos quieren creer, que en lo que el texto dice realmente en este capítulo.

Aunque se trata de judíos, cultural y lingüísticamente son miembros de muchas naciones; así, incluso, desde el inicio de la iglesia como comunidad identificable, el Espíritu movió, prolépticamente, a la iglesia hacia la diversidad multicultural bajo el señorío de Cristo.

El milagro del Pentecostés es que; los discípulos fueron capaces de hablar en la "propia lengua" de todos los demás (versículo 6), y en la "lengua nativa" (versículo 8), de éstos diferentes pueblos indígenas. Este hecho corrobora la composición multiétnica de los oyentes del Pentecostés. De lo contrario, no habría sido necesario ningún milagro relacionado con la lengua.

Por tanto, este pasaje confirma que el día en que nació la iglesia, asiáticos, africanos y europeos estaban presentes, participando en el nacimiento. Su presencia estaba algo oculta, pero era real. Estos visitantes de África, Asia y Europa podían ser una minoría, pero eran una minoría significativa. El milagro del Espíritu Santo, en el que los discípulos hablaron en otras lenguas conocidas, revela la presencia de estos otros grupos étnicos.

Hechos 11

En los versículos 19 al 21 vemos el comienzo de la misión transcultural. A causa de la persecución que siguió a la muerte de Esteban (ver Hechos 8), los creyentes se dispersaron por toda la región, predicando el evangelio en Fenicia (el actual Líbano), Chipre (una isla del Mediterráneo) y Antioquía (en Siria). Sin embargo, estos creyentes sólo predicaban las buenas nuevas a los judíos. Pero, algunos hombres de Chipre y Cirene (una gran ciudad en el noreste de Libia; véase Hechos 2:10), decidieron ir a Antioquía, la tercera ciudad más grande del Imperio Romano, después de Roma y Alejandría; y comenzaron a compartir las buenas nuevas de Jesús directamente con los griegos - es decir, los gentiles - también. Cabe señalar que no había "apóstoles" con ellos; parece que tomaron esta decisión por su propia voluntad.

En estos tres versículos, vemos tres puntos de inflexión importantes en la historia de la iglesia:

1. Por primera vez en el libro de los Hechos, se predica el evangelio en la zona llamada "los confines de la tierra" (véase Hechos 1:8). El campo de misión ha cambiado.

2. Por primera vez en el libro de los Hechos, los que predican el evangelio no son creyentes de Israel. El mensajero ha cambiado.
3. Por primera vez en el libro de los Hechos, el evangelio se proclama directamente a los gentiles, mostrando que no es necesario hacerse judío antes de entregarse a Jesús. La audiencia ha cambiado.

En mi opinión, estos tres versículos, por los decisivos puntos de inflexión que representan, son los más importantes del libro de los Hechos. Y, ¿quién fue el responsable de estos grandes puntos de inflexión? "Hombres de Chipre y de Cirene" (Hechos 11:20), siendo Cirene una gran ciudad de África. No hay que olvidar, sin embargo, que Cirene era una colonia griega en África y que allí residían también muchos judíos. Por tanto, es probable que, entre las primeras personas que se tomaron en serio la Gran Comisión de Cristo y se atrevieron a hacer algo radical, hubiera creyentes libios y chipriotas; y quizá, también, algunos creyentes griegos. Aunque todos emigraron inicialmente a Jerusalén como conversos al judaísmo, en algún momento, después del Pentecostés, se convirtieron en seguidores de Jesús.

Estas personas eligieron Antioquía por voluntad propia, rompiendo con el precedente de esperar una iniciativa apostólica. Pero lo hicieron porque, "la mano del Señor estaba con ellos" (versículo 21); se trataba de una autorización divina suficiente. Obedecieron la guía del Señor en sus vidas, y, de hecho, esta es la clave para un servicio misionero eficaz. En lo que respecta a la misión transcultural, estos creyentes del Mundo Mayoritario fueron de los primeros en participar.

Hechos 13

Según Hechos 13:1, había cinco líderes en la iglesia de Antioquía: Bernabé, Simeón, Lucio, Manaén y Saulo. Eran los maestros y profetas/predicadores de la iglesia. Dos de los cinco eran de África: "Simeón llamado Níger" y "Lucio de Cirene". *Níger* es la palabra latina para "negro". La mayoría de los comentaristas sostienen que, debido a su apodo, Simeón era un negro africano y no un judío étnico que vivía en el norte de África.[9] Otra cuestión importante es preguntarse por qué Simeón tenía un apodo latino. Las partes del norte de África que

---

[9] No hay que olvidar que algunos africanos de esta región, como los bereberes, no eran negros. La palabra africano, no es necesariamente sinónimo de "negro".

estaban orientadas hacia el mundo griego eran Egipto y el este de Libia. Pero, la parte del norte de África orientada al mundo latino era Libia occidental, Túnez y Argelia. Aunque "Simeón" es obviamente un nombre judío, tal vez, tener un apodo latino signifique que, Simeón, era un hombre negro que procedía de la región que hoy formaría parte de Túnez o incluso de Argelia.

En cuanto a Lucio, también procedía de África, pero es imposible saber si era de etnia africana, un inmigrante griego que vivía allí (ya que Cirene era una gran colonia griega), o un judío étnico (pues había un gran barrio judío en Cirene). Como en el caso de "Simón de Cirene", que llevó la cruz de Jesús (Lucas 23:26); es imposible demostrar si Lucio era africano, judío o griego. Todos son posibles. Pero, sí sabemos que Lucio había pasado parte -y quizá una parte importante- de su vida en África, puesto que se le identifica como Lucio "de Cirene".

El hecho de que la iglesia de Antioquía se convirtiera en la iglesia misionera por excelencia, del Nuevo Testamento no debe sorprendernos. Esta iglesia tenía sus propias raíces en la misión transcultural, como se ha comentado anteriormente. Y sus propios líderes eran una mezcla multicultural de personas de Asia y África. Parece lógico, pues, que estos "profetas y maestros" de Antioquía contribuyeran a la preparación misionera de Bernabé y Saulo, aunque es imposible demostrarlo. Pero si eran sensibles a la guía del Espíritu Santo - que lo eran -, podría ser que estos otros líderes tuvieran un verdadero corazón para la misión y que enseñaran, en consecuencia, en la iglesia de Antioquía.

Más tarde, vemos en Hechos 15:35, después de que Pablo y Bernabé regresaran de su primer viaje misionero, que estos dos apóstoles "y muchos otros", estaban enseñando y predicando las buenas nuevas de "la palabra del Señor." Surge la pregunta: ¿Quién entrenó a estos "muchos otros", para enseñar y proclamar las buenas nuevas de Jesús durante los dos años de ausencia de Pablo y Bernabé mientras, ellos, estaban en su viaje misionero? Una buena hipótesis es que los tres líderes que permanecieron en Antioquía-Lucio, Simeón y Manaén-, hicieron este entrenamiento. Hechos 15:35 parece confirmar su capacidad para formar a otros en la enseñanza y la predicación en la iglesia local y en la comunidad.

A menudo, se piensa que la misión comenzó en Hechos 13, cuando Bernabé y Saulo fueron a Chipre. Pero, un examen más detenido del texto, demuestra que la misión transcultural ya había comenzado antes de que Bernabé y Saulo salieran de Antioquía. Además, es posible que hombres de África tuvieran un impacto misionero en la vida de estos dos grandes apóstoles, ya que la iglesia de Antioquía, había sido fundada por misioneros de otra parte del mundo. Bernabé y Saulo fueron enviados para ayudar a establecer una iglesia que había nacido a través de la misión.

Por último, vemos que en Hechos 2, el día en que nació la iglesia, había africanos y asiáticos. En Hechos 11, cuando algunos de los primeros creyentes se vieron presionados, por la persecución, para abandonar Jerusalén y evangelizar otra parte del mundo, estaban presentes cristianos de Libia y Chipre. En Hechos 13, cuando los líderes de la iglesia se prepararon para enviar a otros en misión, los africanos ayudaron.

El mundo conocido en tiempos del Nuevo Testamento estaba formado por los continentes de África, Asia y Europa. En Hechos 8, el eunuco etíope, un funcionario del gobierno de África, decidió seguir a Jesús. En Hechos 9, Saulo de Tarso, un fariseo judío de Asia (Asia Menor), decidió seguir a Jesús. En Hechos 10, Cornelio, del Regimiento de Italia, un centurión romano de Europa, decidió seguir a Jesús. A través de estos pasajes, el Espíritu Santo nos está diciendo que el cristianismo es una religión para todo el mundo, para todos los grupos de personas de este planeta. Aunque en estos tres pasajes se destaca específicamente a África, la inclusión de Chipre muestra que Asia también es un actor en la misión mundial. Por ende, estos pasajes muestran que el Mundo Mayoritario tiene su parte que desempeñar en lo que Dios está haciendo hoy en todo el mundo.

En la actualidad, la iglesia del Mundo Mayoritario ha alcanzado la madurez. Hay iglesias en Asia Central y Oriental, Europa del Este y América Latina que son lo suficientemente maduras, arraigadas en la Palabra de Dios, sensibles a la guía del Espíritu Santo y con recursos para hacer un impacto mundial para Jesucristo. La iglesia del Mundo Mayoritario de hoy no tiene que buscar un nuevo camino. Puede avanzar recuperando el camino de su pasado bíblico: La evangelización, la misión transcultural y la preparación de otros para la misión. Y, todo eso, tuvo lugar antes de que los que suelen llamarse los "primeros misioneros" en el libro de los Hechos, salieran de su "iglesia de origen" en Antioquía.

Capítulo 9

Una nueva posición económica

Desde el año 2000, un número significativo de países del Mundo Mayoritario han adquirido una nueva posición económica. Mientras que algunos países, (como Venezuela, la República Democrática del Congo y Myanmar, por nombrar algunos), siguen sufriendo un declive financiero debido a la inseguridad política o a políticas económicas equivocadas, otros, han realizado importantes avances.

Crecimiento económico

El crecimiento económico suele medirse por el producto interior bruto (PIB), y normalmente se mide en términos de "crecimiento real", es decir; el PIB nominal ajustado a la inflación para mostrar, "el valor de todos los bienes y servicios producidos por una economía en un año determinado" (Ganti 2023). Este crecimiento "real" del PIB también se denomina "PIB-PPP-PIB con paridad de poder adquisitivo". El PIB se muestra, a menudo, en cifras per cápita en lugar de cantidades globales por país, lo que hace que las cifras sean un poco más fáciles de entender.

Puede resultar complicado analizar estos resultados cuando se trata del crecimiento real de un año a otro, ya que el crecimiento real del PIB suele mostrarse en porcentaje. Por ejemplo, en su artículo sobre las perspectivas económicas de África, Tom Collins (2022) afirma que: "El Fondo [Monetario Internacional] dice que las cinco economías que más crecerán en África serán Seychelles, Ruanda, Mauricio, Níger y Benín, que al parecer superarán el 6% de crecimiento". Él continúa señalando: "Nigeria, Angola y Sudáfrica se encuentran entre los diez países con menor crecimiento del PIB, con un 2,7%, 2,4% y 2,2% respectivamente". La impresión que dan estas estadísticas es que sería más beneficioso, económicamente, vivir en Níger que en Sudáfrica en 2022.

Aquí es donde hay que tener cuidado al interpretar los resultados. Por un lado, el crecimiento del 6 por ciento de Níger parece realmente bueno, mientras que el crecimiento del 2,2 por ciento de Sudáfrica parece más bien desalentador. Pero, Níger ocupa el puesto 187 de 192 países en términos de PIB per cápita con paridad de poder adquisitivo (Ventura 2022). Hay que recordar que cuando no se tiene prácticamente nada para empezar, es mucho más fácil aumentar en un porcentaje mayor. Una tasa de crecimiento del 6 por ciento para Níger, sólo supone 79 dólares adicionales per cápita PPA. Pero, Sudáfrica, ocupa el puesto 99 en la misma escala, y su escasísimo 2,2 por ciento de crecimiento económico equivale a un aumento de 338 dólares, es decir; más de cuatro veces el dinero per cápita de la "primera economía" de Níger. Vemos, pues, que aunque las cifras porcentuales parecen buenas, las cifras en dólares ofrecen una imagen diferente - y quizá más realista - de la situación.

Cuando se consideran los porcentajes, es mejor fijarse en el crecimiento económico regional, en vez del crecimiento de cada país, ya que rara vez hay un país extremadamente rico en medio de otros pobres, o un país extremadamente pobre en medio de otros ricos.

A continuación se muestra el pronóstico económico proyectado para diversas partes del Mundo Mayoritario para 2022:
- Mercados emergentes asiáticos y países en desarrollo[10] (FMI 2022) 5.4%
- América Latina y el Caribe [11] (Romero 2022) 3.0%
- Oriente Medio y Norte de África[12] (Banco Mundial 2022 a) 5.2%
- Europa Oriental y Asia Central[13] (Banco Mundial 2022b) -3.0%
- África subsahariana oriental y meridional[14] (Banco Mundial 2022c) 3.1%
- África subsahariana occidental y central (Banco Mundial 2022c) 4.2%

Resulta útil comparar estas tasas de crecimiento previstas con las de las economías más fuertes del mundo, por lo que he aquí otras previsiones para 2022:
- Economías asiáticas avanzadas[15] (FMI 2022) 2.7%
- Asia en su conjunto (FMI 2022) 4.9%
- Unión Europea (Clark 2022) 2.7%

---

[10] Estos quince países son: Bangladesh, Brunei, Camboya, China, Filipinas, India, Indonesia, Laos, Malasia, Myanmar, Mongolia, Nepal, Sri Lanka, Tailandia y Vietnam.

[11] Se incluyen aquí los treinta y tres países de toda Sudamérica, Centroamérica (incluido México) y el Caribe.

[12] Estos diecinueve países son Arabia Saudí, Argelia, Bahréin, Yibuti, Egipto, Emiratos Árabes Unidos, Irán, Irak, Jordania, Kuwait, Líbano, Libia, Marruecos, Omán, Qatar, Siria, Territorios Palestinos, Túnez y Yemen.

[13] En este caso, el Banco Mundial no distingue entre Europa del Este y Asia Central en sus proyecciones globales. Los veintitrés países incluidos son: Albania, Armenia, Azerbaiyán, Bielorrusia, Bosnia y Herzegovina, Bulgaria, Croacia, Georgia, Hungría, Kazajistán, Kosovo, Kirguizistán, Moldavia, Montenegro, Macedonia del Norte, Polonia, Rumanía, Rusia, Serbia, Tayikistán, Turquía, Ucrania y Uzbekistán. Turkmenistán se ha excluido por falta de datos fiables.

[14] Este sitio concreto del Banco Mundial no enumera qué países están incluidos en el África subsahariana oriental y meridional, diciendo, simplemente, que estos países se extienden "desde el Mar Rojo en el Norte hasta el Cabo de Buena Esperanza en el Sur". África Occidental y Central serían todos los países restantes de África al sur del Sahara.

[15] Los siete países incluidos en esta categoría son: Australia, Hong Kong, Japón, Corea, Nueva Zelanda, Singapur y Taiwán.

- EE.UU., dos primeros trimestres del 2022 (BEA 2022a) -1.6% y -0.9%
- EE.UU., segundo semestre del 2022 (Reuters 2022) 2.4%

Sin entrar en diversos detalles que podrían discutirse aquí (como la guerra entre Rusia y Ucrania, que sesga los resultados de Europa del Este y Asia Central), basta decir que las tasas de crecimiento previstas, para gran parte del Mundo Mayoritario, superan a las de las economías consideradas más estables. Si bien, este hecho apunta a unas perspectivas positivas para las economías del Mundo Mayoritario, es un dato que hay que tomarlo por lo que vale, ya que; como se ha dicho anteriormente, el menor crecimiento de una economía fuerte representa un aumento más significativo que el mayor crecimiento de una economía más débil en términos de paridad de poder adquisitivo (PPA) per cápita.

Inversiones

Las inversiones en las economías del Mundo Mayoritario han cambiado significativamente debido a la pandemia de COVID-19. Antes del 2020, Asia y el Pacífico habían recibido, por sí solos, la colosal cantidad de 1,5 billones de dólares en inversión extranjera directa, abreviada como IED (UN-ESCAP 2021). América Latina y África recibieron mucho menos que eso, pero, América Latina recibió, regularmente, más de $100 billones anuales en IED entre el 2012 y el 2019 (ONU-CEPAL 2022), y África recibió entre $48 y $70 billones anuales entre el 2010 y el 2019, y eso fue únicamente de Estados Unidos (Statista 2022a). Europa del Este recibió entre $55 y $61 billones antes de la pandemia (BEA 2022b). Cuando la pandemia entró de lleno en el 2020, todas esas cifras descendieron, excepto la de Europa del Este, que aumentó hasta algo más de $74 billones (BEA 2022b).

Tras la moderación del COVID, las inversiones del Mundo Mayoritario empezaron a repuntar en el 2021. Europa del Este siguió mejorando, con una IED de más de $77 billones (BEA 2022b); mientras que, América Latina superó, una vez, más los $100 billones (UN-CEPAL 2022); y la IED africana alcanzó la cifra récord de $83 billones (UNCTAD 2022). Asia parece haber superado, una vez más, la marca del trillón de dólares en IED (UN- ESCAP 2022). Mientras que Asia y América Latina aún no han alcanzado sus niveles anteriores a la pandemia, África y Europa del Este ya los han superado.

Remesas

Un elemento adicional que merece la pena mencionarlo aquí es, el dinero enviado a los países del Mundo Mayoritario, por lo que se conoce como la diáspora, es decir; los trabajadores que han emigrado a países fuera de su continente de origen. Es bien sabido que los inmigrantes son muy generosos; los que abandonan sus países para encontrar trabajo en Europa, Norteamérica, o Asia, envían dinero regularmente a sus familias de origen. Pero, la cuantía de estas remesas es, a menudo, sorprendente. Para un gran número de países, el dinero enviado por transferencia electrónica a los países de origen, supera la cantidad que el país de origen recibe en ayuda exterior. El Banco Mundial (Ong 2022) afirma que:

> Se espera que los flujos de remesas a los países de renta baja - y media (PRMB) -, aumenten un 4,2 por ciento este año hasta alcanzar los $630 billones. Esto sigue a una recuperación casi récord del 8,6 por ciento en el 2021.

Este mismo informe muestra que las remesas han registrado "fuertes ganancias" en todas las partes del Mundo Mayoritario. La iglesia del Mundo Mayoritario debería tener en cuenta la generosidad de los miembros de la diáspora. Sin duda, hay muchos cristianos en la diáspora que estarían muy abiertos a programas y proyectos que hagan avanzar el reino de Dios a través de los misioneros del Mundo Mayoritario.

Riesgos

A pesar de todos estos ejemplos de crecimiento económico y de los numerosos casos de inversión en el Mundo Mayoritario, ¿significa esto que estos países ya no tienen problemas financieros? Por supuesto que no. Siguen existiendo muchos problemas. Jake Bright y Aubrey Hruby (2015, 112) lo explican:

> Vemos tres causas de perturbación que podrían obstaculizar los revolucionarios avances económicos de algunos países africanos: Desempleo masivo y discordia pública; incapacidad institucional para alinear las motivaciones de los hiper ricos con el bien común; cambios raros e inesperados en el mercado.

Estos autores entienden que una serie de buenas estadísticas no significa que todo sea color de rosa. Aún quedan obstáculos por superar. Otros observadores están de acuerdo. Ben Barber (2018) señala que, el problema de la gobernanza en el Sudeste Asiático está empeorando:

> El autoritarismo se extiende, hoy día, por las naciones del Sudeste Asiático. En Tailandia, Myanmar (Birmania), Malasia, Filipinas, Singapur e Indonesia; está arraigando una nueva raza de autócratas. ... Regímenes autoritarios duros, flexibles y expansivos, como Vietnam, han inspirado a antiguos aliados de Estados Unidos en el Sudeste Asiático, como Tailandia y Filipinas, para reprimir a la prensa, frenar la democracia y acallar las voces críticas que avergüenzan a quienes están en el poder.

Además de los problemas económicos y de gobernanza, las inestabilidades en materia de seguridad son demasiado frecuentes. Por ejemplo, un sitio web que presenta el artículo titulado: "Desafíos de seguridad en América Latina" (RANE-Worldview 2022) habla de numerosos problemas, todos ellos de los últimos doce meses:

- Disturbios inducidos por la inflación en Perú;
- Lucha contra la corrupción en Honduras;
- Grupos rebeldes en Colombia;
- Los cárteles atacan los resorts de México;
- Estado de emergencia antipandillas en El Salvador.

Estas observaciones demuestran que ninguna parte del Mundo Mayoritario es inmune a estos factores negativos. Pero, a pesar de que esta negatividad es real, el Mundo Mayoritario ha realizado importantes progresos económicos en los últimos años; y es probable que continúe haciéndolo. Con economías más fuertes e inversiones crecientes, aumentará el número de puestos de trabajo, progresará el desarrollo y crecerán las oportunidades económicas y financieras para los empleados.

La comunidad empresarial parece reconocer ya al Mundo Mayoritario por su gran promesa financiera. Su visión del Mundo Mayoritario es casi ilimitada. Algunos aspectos de su economía están más desarrollados que en el pasado y, por tanto, no deben percibirse de la misma manera que en el pasado. A continuación examinaremos cuatro de estos aspectos, pero, sin entrar en grandes detalles, ya que se podría escribir un libro entero sobre cada uno de ellos.

Telecomunicaciones

El sector probablemente más impresionante es el de las telecomunicaciones. Con la llegada de los teléfonos móviles, los teléfonos del Mundo Mayoritario han saltado muchas generaciones de tecnología a la vez. Según Bright y Hruby (2015), alrededor del 70 por ciento de los africanos al sur del Sahara poseen un teléfono celular. Basándome en mi propia experiencia, en la zona urbana de Abiyán, estimo que cerca del 90 por ciento de la población de la ciudad posee un teléfono móvil. Y esto es sólo el principio, ya que los smartphones, mucho más potentes que los primeros teléfonos móviles, están empezando a ganar más cuota de mercado. Bright y Hruby (2015, 187-88) afirman que:

> La conversión de África a los smartphones y otros dispositivos de internet, presentará más de una oportunidad global para las compañías telefónicas. Transformará por completo la actividad empresarial y social en el continente, especialmente con la mejora de la banda ancha. Los smartphones se convertirán en la plataforma central de casi todo en África.

Cabe preguntarse si esta idea, publicada en 2015, no se ha alcanzado ya. Con un smartphone, los clientes pueden comprar combustible en una gasolinera. Con un smartphone, pueden pagar la factura de la luz. Con un smartphone, pueden transferir dinero a otra persona; pueden recibir mensajes de vídeo de sus amigos; pueden participar en un curso de entrenamiento, de otro continente, mientras conducen por una carretera de África; pueden recibir un aviso sobre un incidente inseguro que está teniendo lugar en una determinada zona de su ciudad; pueden ordenar una cena y recibirla en su casa; pueden reservar y comprar un boleto de avión y recibir el pase de abordar. La lista es interminable.

En Asia, el mundo de las telecomunicaciones es aún más frecuente y asombroso. Los filipinos pasan más tiempo con sus smartphones que los residentes de cualquier otro país, con un promedio de 5 horas y 47 minutos al día. Los dos primeros países con mayor uso de smartphones están en Asia Oriental (Filipinas y Tailandia), y cuatro de los diez primeros son de esta misma región (Howarth 2023).

En cuanto al resto del Mundo Mayoritario, cuatro de los diez primeros países en usar más los smartphones están en América Latina, mientras que dos de los siete primeros se encuentran en África.

De los países que superan la media mundial de 3 horas y 43 minutos al día, seis están en Asia, cinco en África, cuatro en América Latina y tres en Oriente Medio. Ningún país de Europa, Norteamérica u Oceanía se encuentra en este grupo. También, puede observarse que los dos primeros países de Europa con uso de mayor smartphones son Rumanía y Rusia, ambos en Europa del Este. Esto nos muestra que el Mundo Mayoritario, ha abrazado el nuevo mundo de las telecomunicaciones de una manera que supera al mundo occidental, el cual es más próspero económicamente. Con la excepción de Taiwán, ningún país de Europa Occidental, Norteamérica, Extremo Oriente u Oceanía ni siquiera se encuentra entre los veinte primeros en cuanto al uso de smartphones.

Según un artículo sobre estadísticas del uso de teléfonos inteligentes (Marko M. 2022):

> [La] Unión Internacional de Telecomunicaciones (UIT) de la ONU, hizo una revelación alucinante ... que ahora hay más teléfonos en la Tierra que personas. ... La investigación concluye añadiendo que; la proliferación de teléfonos supera actualmente el crecimiento de la población humana, lo que significa que esta tendencia continuará en el futuro.

En el futuro, es fácil imaginar que los smartphones desempeñarán un papel, cada vez más importante en la vida de la persona común, tanto urbana como rural, en el Mundo Mayoritario.

Tecnología de la información y comercio electrónico

Los avances en el campo de las telecomunicaciones deben su éxito a otro sector de la economía, el de las tecnologías de la información, más conocidas por la abreviatura IT. Sin la tecnología de la información, la comunicación nunca habría tenido la oportunidad de beneficiarse de estos avances.

Existen muchas nuevas empresas de información en África Oriental, especialmente en Kenia - que ha adquirido el nombre de "Silicon Savannah", (tomado del nombre "Silicon Valley" en California, donde se encuentran muchas pequeñas empresas de información) - estas empresas utilizan la tecnología de los smartphones para permitir que los consumidores, hagan casi cualquier cosa que puedan imaginar. Por ejemplo, un granjero puede poner pequeños chips en las orejas de sus vacas o cabras, para seguir, no sólo los movimientos de su rebaño, sino también la salud de cada animal. O, un habitante de una ciudad puede utilizar su smartphone para evitar los atascos de camino a casa desde el trabajo o, con algunas nuevas aplicaciones como Ushahidi, puede evitar los puntos conflictivos y la violencia durante las elecciones u otros acontecimientos importantes.

Sin embargo, en términos de desarrollo tecnológico, Asia es la nueva potencia mundial. Oliver Tonby et al. (2020) afirma que:

> En la última década, [Asia] ha desarrollado y profundizado rápidamente sus capacidades tecnológicas y su infraestructura, y representa una gran parte del crecimiento mundial en ingresos de empresas tecnológicas, financiación inicial, gastos en I+D y patentes registradas.

Sin entrar en muchos detalles, permítanme citar algunas otras conclusiones clave de su informe:

- El número de usuarios de internet en Asia ha crecido más que en el resto del mundo, y la región alberga ya a la mitad del total mundial.
- Las descargas de aplicaciones han crecido más en la región que en el resto del mundo, lo que refleja que Asia da prioridad a los dispositivos móviles. La región representó el 41% de todas las descargas de aplicaciones móviles en 2019.
- Asia concentra el 42% de la inversión mundial en nuevas tecnologías de IA [inteligencia artificial] y el 48% de las patentes de IA.
- China y la India albergan más de dos tercios de los *hotspots* tecnológicos urbanos... pero, la mayoría de los demás países asiáticos tienen, al menos, una ciudad *hotspot*, normalmente la capital.
- Entre las cinco mil empresas más importantes del mundo, las asiáticas aportaron el 49% de los ingresos en el sector de las tecnologías de la información.A
- Asia, - especialmente China e India-, impulsará el crecimiento de los mercados de consumo, por lo que se prevé un fuerte aumento de la demanda de servicios informáticos.

En otras palabras, con todo el progreso que Asia ha hecho en el área de la tecnología de la información en los últimos diez años, tengo la impresión de que: "¡Aún no hemos visto nada!".

Quizá la rama más espectacular de la tecnología de la información sea el comercio electrónico. En África, cada vez más, las personas compran sus artículos para el hogar o ropa en la plataforma Jumia, que también ofrece entrega a domicilio. En el 2016, Jumia, bajo la supervisión de África Internet Group (AIG) en Nigeria, anunció una asociación con Axa, "que permite, al grupo francés, convertirse en el proveedor exclusivo de productos y servicios de seguros en la plataforma Jumia, así como en todas las demás plataformas en línea y móviles de AIG" (Choisnet 2016, 6).

La lista de lo que se puede comprar en Jumia podría continuar casi hasta el infinito. Otras plataformas de comercio electrónico para África son: Takealot, Kilimall, Konga y BidorBuy (SLA 2022).

Pero, Jumia en África no es nada en tamaño comparada con Alibaba en Asia. De hecho, Alibaba se ha convertido en el rey del comercio electrónico. Brian O'Connell (2020) afirma que: "A pesar de todos los elogios a los gigantes tecnológicos de Internet con sede en EE.UU., como Amazon.com y Facebook, el verdadero rey de la colina digital se encuentra a miles de kilómetros al este, en China, el hogar de Alibaba".

O'Connell continúa diciendo que fue Jack Ma, el "visionario fundador de Alibaba, quien vio una oportunidad de marketing en el comercio electrónico basado en Internet y la aprovechó al máximo". En términos de cifras, un importante proveedor de estudios de mercado y datos de consumo llamado Statista(2022b), informa que aproximadamente 2.35 billones de personas utilizaron el comercio electrónico en Asia en el 2021, y se espera que esa cifra alcance los 3.1 billones en el 2025. Y el comercio electrónico, aunque originalmente dependía de las computadoras domésticas, ahora utiliza los smartphones y otros dispositivos móviles mucho más que las computadoras.

El nuevo término "m-commerce", abreviatura de *"mobile commerce"*, se utiliza, cada vez, con más frecuencia para referirse a la compraventa de productos mediante un smartphone. S. Ganbold (2021) afirma que: "El comercio móvil también ha experimentado un aumento en la región de Asia-Pacífico, y los consumidores de Indonesia, Tailandia y Filipinas, son los que muestran la mayor penetración del comercio móvil en toda la región". Esto demuestra que, no solo las naciones asiáticas, más avanzadas, se están beneficiando de estos nuevos avances en el comercio electrónico.

Naturalmente, América Latina se ha sumado al carro del comercio electrónico. El mercado en línea con sede en Argentina, Mercado Libre, es el sitio de comercio electrónico más visitado de toda América Latina. Stephanie Chevalier (2022) informa:

> Además de figurar entre las aplicaciones móviles de comercio electrónico más utilizadas en Brasil, el sitio de subastas, se ha convertido en el segundo minorista en línea más popular de Perú. Durante el brote de coronavirus, la empresa vio duplicadas sus ventas en Chile, Colombia y México, afianzando así su reinado en el mercado regional, por delante del gigante mundial Amazon.

De hecho, las cifras de Chevalier muestran que el Mercado Libre recibe casi cuatro veces más visitas mensuales que Amazon. Estos ejemplos demuestran, muy claramente, que el Mundo Mayoritario ha dado pasos de gigante en términos de poder adquisitivo comercial.

Sector bancario

Otro sector, mencionado en un capítulo anterior, es el sector bancario. En el Mundo Mayoritario, este sector funciona muy bien en algunos países asiáticos avanzados, pero, la situación es diferente en la mayoría de los demás países. Khalid Umar (2021), responsable de planificación estratégica del Instituto CAREC, estima que 1.7 billón de personas en el mundo no tienen acceso a los servicios bancarios. Con respecto a los servicios de banco tradicionales, antes de la llegada de las nuevas tecnologías, alrededor del 80 por ciento de los africanos no tenía acceso al banco tradicional (Fiano 2017), debido a la falta de salarios seguros o tierras que pudieran utilizarse como garantía.

Héctor Galván (2021) informa que: América Latina se enfrenta a circunstancias similares. Afirma que en América Latina, "hasta el 65% de los adultos no están bancarizados, lo que significa que, estas personas, no tienen acceso a muchos servicios financieros y cosas como una tarjeta de débito, tarjeta de crédito, o incluso, una cuenta bancaria."

Mientras que más del 90 por ciento de los ciudadanos de Mongolia, como rara excepción, tienen una cuenta bancaria, la mayoría de los países de Asia Central están por debajo del 50 por ciento de su población; y Pakistán, el sexto país más poblado del mundo, sólo llega al 21 por ciento (Umar 2021). Los servicios bancarios están rezagados en gran parte del Mundo Mayoritario.

Pero, esta gran necesidad se ha convertido en una gran oportunidad para muchos bancos. Estas estadísticas demuestran que existe una enorme base de clientes que los bancos aún pueden atraer, y, cada vez más, el "banco móvil" ofrece los cómodos servicios deseados por sus clientes. Según Hichem Ben Yaïche y Guillaume Weill-Raynal (2016, 14), BoubkerJaï, director general del Attijariwafa Bank (Marruecos), afirma:

> El reto para nosotros, en cualquier parte del continente [africano], es estar en perfecta coherencia con las necesidades locales. No se trata sólo de duplicar productos que han funcionado en otros lugares, sino, sobre todo, de conocer bien el mercado y proponer productos adecuados. En términos de funcionalidad, por supuesto, pero también de precio.

Umar (2021) coincide al afirmar:

> El banco digital, que utiliza tecnología móvil y de internet, ofrece una oportunidad para llegar a los segmentos de la población financieramente excluidos y desatendidos [en Asia Central], especialmente en regiones y comunidades remotas. Tiene el potencial de transformar el panorama de la inclusión financiera ofreciendo servicios financieros rentables y de fácil acceso.

Estas citas demuestran que los bancos buscan adaptarse a las necesidades reales de sus clientes y de ser así, deben hacerlo a un precio módico.

Sin embargo, donde los bancos han tardado en adaptarse a la actual revolución de las tecnologías de la información, han intervenido las empresas de telecomunicaciones. Por ejemplo, en Kenia, la principal empresa de telecomunicaciones, Safaricom, ha puesto en marcha el servicio M-Pesa, la letra M significa "móvil", y *pesa* es la palabra swahili para "dinero".

En dos años, M-Pesa tenía más de seis millones de clientes y transfería más de $1.5 billones al año (Bright y Hruby 2015). este nuevo método de transferencia de dinero aumenta enormemente la seguridad de los comerciantes, que ya no tienen que llevar mucho dinero en efectivo. También, ayuda a los padres a pagar, más fácilmente, las matrículas escolares de sus hijos.

El equivalente a un tercio del PIB de Kenia pasa por M-Pesa, lo que convierte a Kenia, en uno de los países más avanzados en términos de economía no monetaria (Bright y Hruby 2015). Yana Emets (2017) informa que, desde su creación en 2007, M-Pesa ha ampliado sus servicios a países tan lejanos como Afganistán, India y Albania. Y muchos países de África tienen su equivalente de M-Pesa: En Ghana, está Tigo; en Costa de Marfil, Orange Money y Mobile Money de MTN (Red de Telefonía Móvil); en Nigeria, GloMobile de Globacom, Share Money y muchos otros; y la lista podría continuar para cada país del África subsahariana.

Creemers, Murugavel, Boutet, Omary y Oikawa (2020) informan:

> A medida que evolucionen las economías africanas, el dispositivo móvil se convertirá en el vehículo de pago de primer recurso. ... La penetración global de los servicios financieros móviles en África es, actualmente, la segunda después de la de China. ... En África, por varias razones, las empresas de telecomunicaciones tienen, hoy en día, una cuota de mercado mucho mayor en los pagos móviles que los bancos.

En muchos países, la banca móvil o digital se ha convertido en la solución preferida. Como dijo Nigel Green (2017), hace varios años, refiriéndose a Asia:

> Ante nuestros ojos, estamos viendo cómo el sector bancario pasa rápidamente de los edificios a los smartphones. Los días de visitar los bancos tradicionales van a convertirse en un recuerdo lejano en muchas partes de Asia. La actividad física de ir a un banco para enviar una transferencia, cobrar un cheque, o denunciar el robo de una tarjeta de crédito, está siendo rápidamente sustituida por un icono en un smartphone.

Estos cambios en los sistemas bancarios pueden ser útiles para las iglesias locales y las agencias misioneras, ya que, los bancos intentan reducir sus comisiones de servicio, ofreciendo productos más adecuados a las necesidades de sus clientes. Además, el acceso a tarjetas de crédito, o al menos de débito, serán de gran utilidad para los líderes de iglesias y misiones, por no hablar de los servicios prestados a los propios misioneros. Aunque los servicios bancarios móviles que operan a través de empresas de telecomunicaciones, pueden eliminar la necesidad de tales tarjetas de crédito o débito en el futuro. Estos servicios, de fácil uso, serán muy apreciados por los usuarios que sirven en el campo misionero.

Otro servicio bancario que puede ser muy adecuado para las misiones son, las cuentas de ahorro. África cuenta con un sistema de ahorro tradicional denominado: Asociación de ahorro y crédito rotatorio, comúnmente llamado *tontine* en los países francófonos. En Ghana, se denomina *susu*; en Etiopía, *equb*; en Kenia, *chikola* o *harambee*; en Nigeria, *adashe*; y en Perú, *pandero*. Este sistema de ahorro no sólo es más flexible que una cuenta de ahorro en el banco, sino que, Abdoulaye Kane (2010, 174) afirma: "Hay que señalar que el 92% de los *tontines* encuestados, no experimentaron ningún fallo grave".

Este resultado es, significativamente, mejor que la mayoría de los programas de microfinanciación de los bancos "modernos". Algunos de estos últimos han adaptado sus políticas a este sistema tradicional, dando lugar al Grameen Bank en Bangladesh y a los *tontibanques* en Camerún, fundados por el Dr. Paul Fokam, quien también es el fundador del AfrilandFirst Bank (Sembène 2015). Es interesante observar que, el fundador de un banco tradicional, también ha estado dispuesto a adaptarse para incluir servicios bancarios menos tradicionales.

Otras adaptaciones del *tontine* han sido realizadas por empresas de telecomunicaciones, como Tigo en Ghana. Frédéric Maury, de *JeuneAfrique* (2014, 15), explica:

> Tigo ha decidido ofrecer una alternativa a una de las tradiciones más arraigadas en Ghana: El susu, un programa de microcréditos muy popular. El país de África Occidental cuenta así con miles de recaudadores a los que la gente, a menudo mujeres, confía sus ahorros. Un sistema basado en la confianza, que Tigo ha decidido aprovechar: Desde principios del 2013, los abonados pueden ahorrar a través de Tigo. En seis meses, 6.000 mujeres han decidido optar por esta solución.

Esta adaptación se asemeja a una microcuenta de ahorro personal, en la cual, cada persona decide cuánto dinero puede depositar cada vez y con qué frecuencia puede sacarlo. Es probable que estas condiciones sean requisitos previos para abrir una cuenta de este tipo. Una vez más, vemos que la flexibilidad manda a la hora de idear servicios bancarios adaptados a las necesidades del cliente.

Transferencias de dinero

Además de influir en el poder comercial y económico, la tecnología de la información, también, ha tenido un gran impacto en un área específica del banco móvil: El de las transferencias de dinero. Estas transferencias pueden utilizarse para pagar facturas de servicios públicos, comprar gasolina, o adquirir cualquier producto que se desee, a través del comercio electrónico del que ya hemos hablado. Pero, un aspecto importante de estas transferencias se conoce como P2P, refiriéndose a las transferencias "de persona a persona". Hablando de estos pagos móviles, TijsbertCreemers et al. (2020) afirman que: "El mercado potencial estimado para los bancos en el África subsahariana es de $500 billones, casi todo ello, en forma de pagos de persona a persona (P2P)".

Similar a la idea de las remesas que comentábamos antes, estos pagos P2P, pueden ser de gran ayuda para los misioneros que sirven en los países del Mundo Mayoritario. De hecho, ya ha llegado el día en que los donantes pueden dar su apoyo financiero, directamente a un misionero, a través de su smartphone. De este modo, el donante tiene la seguridad de que el misionero recibirá la totalidad de la aportación, ya que el remitente suele pagar la comisión de envío, si la hay.

Puede que la idea de enviar fondos a la agencia misionera, que luego los remite al misionero que está en el campo, tenga los días contados. Las agencias misioneras que cobran tasas administrativas por todo el apoyo financiero recibido en su oficina, tendrán que encontrar nuevas formas de recuperar esos fondos. Y los misioneros ya no tendrán que esperar semanas o meses para que llegue su ayuda económica. Estos nuevos procedimientos de banca móvil permiten un acceso casi inmediato a los fondos, sobre todo, a medida que las empresas de telecomunicaciones de diversos países empiezan a asociarse entre sí.

Esta nueva "revolución sin efectivo" tendrá un gran impacto en las iglesias locales del Mundo Mayoritario. En primer lugar, una iglesia puede utilizar los servicios de dinero móvil para sus colectas semanales, y los miembros pueden contribuir desde su cuenta bancaria - si la tienen - o, más probablemente, desde sus cuentas telefónicas. Se trata de un método seguro para las grandes iglesias que ya no necesitarán recibir dinero en efectivo *in situ* para apoyar sus ministerios.

En segundo lugar, a las iglesias locales, también les resultará más fácil apoyar a una agencia misionera o, incluso, a una familia misionera en el campo, realizando una transferencia de dinero sencilla y fácil a través de un smartphone, como se acaba de comentar.

Al mismo tiempo, los seguros médicos o, las cuentas de pensiones pueden establecerse más fácilmente para los misioneros, así como para el personal de las iglesias locales. Además, las tarifas de estos servicios seguramente disminuirán con el tiempo, lo que significa otra ventaja para las iglesias de África, América Latina y Asia. Ésta nueva tecnología está influyendo rápidamente en la vida y las finanzas de las iglesias. También está repercutiendo en el papel de la iglesia en las misiones mundiales.

¿Y la Iglesia qué?

El propósito de esta sección sobre la nueva posición económica del Mundo Mayoritario es, informar al lector de lo que realmente está ocurriendo hoy en día. Nuestra visión tradicional de que el Mundo Mayoritario está encerrado casi en la pobreza, necesita ser ajustada. Está avanzando a pasos agigantados en términos de crecimiento económico y comercial; está al día en cuanto al banco móvil y transferencias de dinero; sus previsiones de crecimiento superan, a menudo, las del mundo más "moderno"; las inversiones en los países del Mundo Mayoritario van en aumento.

Sin duda, habrá que resolver cuestiones de gobernanza, pero eso también es cierto para el Mundo Occidental. Un Mundo Mayoritario económicamente fuerte, bien educado y con niños sanos, será una fuerza para tener en cuenta. La comunidad empresarial cree en el Mundo Mayoritario y ya ha invertido en esa visión. ¿Y qué de la iglesia?

Capítulo 10

El mayor temor de un pastor

En mi investigación sobre nuevos modelos de financiación de la misión, algunos pastores expresaron gran preocupación por la misión global. Preguntaron: "Si animo a mi iglesia a centrarse en la misión global, ¿empobrecerá esto a otros ministerios de la iglesia local, incluido el salario del pastor?". Esta pregunta es importante, y por eso, envié un cuestionario centrado en la financiación de la misión a iglesias de Asia y África. Diecinueve iglesias respondieron a estas preguntas: Catorce en Asia y cinco en África. Algunas iglesias respondieron en términos de cantidades reales gastadas, mientras que la mayoría, respondió en términos de porcentajes de su presupuesto.

Entre estas diecinueve iglesias locales, el presupuesto medio para misiones representaba el 44% del presupuesto global de su iglesia. En el caso de las pocas iglesias que dieron sus respuestas en cantidades reales (tres iglesias de África y una de Asia), su presupuesto misionero anual superaba por término medio los $50.700 USD. De hecho, los demás resultados procedentes de estas iglesias habrían carecido de sentido, si su presupuesto para misiones hubiera sido una cifra muy baja. Esto demuestra que las iglesias que respondieron al cuestionario son, en verdad, iglesias con mentalidad misionera.

Por supuesto, una cosa es fijar un presupuesto de misión extremadamente elevado y otra muy distinta alcanzarlo. Pero, entre las iglesias encuestadas, financiaron en promedio el 99,1% de lo presupuestado para la misión, es decir; un promedio del 43,6% del presupuesto total de la iglesia. En el caso de las pocas iglesias que dieron sus respuestas en cantidades reales gastadas, sus ingresos para la misión, superaron el promedio de los $51.300 USD anuales; o el 101,1 por ciento de la cantidad presupuestada. Estos resultados indican que estas iglesias son muy generosas en sus asignaciones a la misión global, y que son capaces de cumplir, e incluso; superar sus generosos presupuestos. Sus palabras están de acuerdo con sus hechos.

Debo señalar que una quinta iglesia que participó en mi investigación, dio sus respuestas en cantidades reales gastadas; pero, los resultados de esta única denominación en África Occidental había sesgado los promedios, a tal grado, que sus números no se incluyeron en estos resultados. Esta iglesia sola, tenía un presupuesto misionero anual de más de $5.394.000 USD, y sus ingresos misioneros, nada más en el 2016, superaron los $5.644.000 USD. Por lo tanto, comprenderán por qué estos resultados se consideraron tan extravagantes que se excluyeron de los promedios. Pero, esa denominación eclesiástica, demuestra que la generosidad extrema hacia la misión mundial es posible, incluso, para una iglesia de África Occidental.

Otra forma de comparar el presupuesto de la misión con los ingresos de la misión era: Ver el número de iglesias cuyos ingresos superaban la cantidad presupuestada. Dos iglesias, no respondieron correctamente a la pregunta; por lo que, sus respuestas, no se incluyen en el resultado promedio. Sólo tres, de las diecisiete iglesias restantes, recibieron menos para la misión que la cantidad que estaba en su presupuesto de misiones; estas tres, recibieron un promedio del 84,7%

de la cantidad presupuestada. Siete, de las diecisiete iglesias, recibieron el 100% de lo presupuestado. Siete iglesias, superaron el 100% de su presupuesto para la misión, recibiendo un promedio del 117% del presupuesto para misiones. Para las tres iglesias que no pudieron cumplir con su presupuesto de misión, aunque sólo pudieron aportar el 84,7% de lo previsto, este "mal" resultado parece bastante positivo para las iglesias del Mundo Mayoritario.

Volvamos ahora al temor expresado por algunos pastores. El cuestionario abordaba esta idea, formulando tres preguntas, sobre el impacto positivo o negativo de la financiación de las misiones en la iglesia local. Una gran mayoría de los encuestados (83%) dijo que: Su enfoque en la misión, no había impedido el pago de los salarios del personal de la iglesia, y esa misma mayoría (83%) dijo que: Su enfoque en la misión, no había impedido la financiación de otros ministerios. Estos resultados deberían ser una buena noticia para un gran número de pastores, ya que, sugieren que sus temores sobre la misión son infundados. En otras palabras, aproximadamente cinco de cada seis iglesias que se centran en la misión, no se ven afectadas negativamente en términos de financiación de los ministerios locales o del salario del pastor. Por supuesto, un pastor pudiera decir que él, podría ser esa sexta persona que se vería afectada negativamente, pero las probabilidades están de su lado. Estos resultados confirman lo que otros dicen sobre el impacto de la misión en la iglesia local: "Todos los estudios demuestran que las donaciones para las misiones, prometidas por fe, *aumentan otras donaciones de la iglesia*, especialmente las del presupuesto regular" (Christian Reformed World Missions, s.f., 2, el énfasis es mío).

Un pastor de Abuja (Nigeria), el Dr. Azaki Nash, animó a su iglesia a aumentar de 100 a 125 el número de misioneros a los que apoyaban. Cuenta (AfriGo junio 2022, 5) que, tuvo que convencer a sus líderes de que no le aumentaran su propio apoyo financiero, sino que, entregaran el aumento de las donaciones a los misioneros.

> Todo pastor que quiera ser eficaz en la promoción de las misiones, debe despojarse de sus intereses personales; incluso, cuando el equipo de liderazgo se resista a gastar más en el misionero que en su pastor. Estos son algunos de los obstáculos que tuve que superar para enviar 25 misioneros más.

Volviendo al cuestionario, una mayoría similar a la anterior (81%), respondió que su enfoque en la financiación de la misión, en realidad, *ayudó* a promover la financiación de otros departamentos. Aproximadamente, cuatro de cada cinco pastores dijeron que, el enfoque en la misión no sólo *no* ha disminuido las finanzas de la iglesia, sino que en realidad ha *mejorado* la situación financiera de sus iglesias.

Por último, se comparan las respuestas de las iglesias africanas con vocación misionera con las de sus homólogas asiáticas, aunque, hay que tener en cuenta que una muestra de cinco iglesias africanas y catorce asiáticas no es muy representativa. Por tanto, aunque estos resultados son interesantes, no pueden considerarse estadísticamente válidos.

En términos porcentuales, el presupuesto promedio para misiones de las iglesias con vocación misionera en África, fue del 10,8% del presupuesto total de la iglesia local, mientras que; el presupuesto promedio para misiones de dichas iglesias en Asia, fue del 46,7%. En cuanto a las cantidades recibidas para la misión, las iglesias africanas recibieron un promedio del 12,7% del presupuesto total para la misión, lo que significa un exceso del 1,9% sobre la cantidad presupuestada. Por otro lado, las iglesias asiáticas recibieron el 45,5% del presupuesto total, lo que significa un déficit del 1,2% respecto a la cantidad presupuestada. Resulta que, las iglesias de África, tienden a destinar una cantidad relativamente pequeña al presupuesto misionero de la iglesia, pero lo superan ligeramente (117,3%) con sus aportaciones. Las iglesias de Asia tienden a fijar un presupuesto para misiones muy generoso, pero no lo alcanzan (97,6%).

En cuanto al impacto de la misión en la financiación de la iglesia local, las cinco iglesias africanas afirmaron que su enfoque misionero no había disminuido la financiación de la iglesia, ni para los salarios del personal, ni para los ministerios locales. En el caso de las catorce iglesias de Asia, aproximadamente tres cuartas partes de las iglesias, también afirmaron que su enfoque misionero no había tenido un impacto financiero negativo en la iglesia local. En cuanto a las iglesias que afirmaron que su enfoque misionero había contribuido a mejorar su situación financiera, casi no hubo diferencias entre los dos grupos; el 80% de las iglesias de África y el 82% de las de Asia, afirmaron que su enfoque misionero había tenido un impacto positivo en sus ingresos locales.

Mi conclusión general es que, el temor de un pastor a un impacto financiero negativo en los ministerios locales, o en su propio salario debido a un énfasis en la misión, no está justificado. Aunque esta investigación dista mucho de ser exhaustiva, es coherente con las conclusiones extraídas por otros sobre el impacto de la financiación de las misiones, como Christian Reformed World Missions. Esta investigación también indica que hay iglesias capaces de una gran generosidad en el Mundo Mayoritario, incluida África. Por tanto, avancemos con valentía y fe en la financiación de las misiones mundiales.

Capítulo 11

Entonces, ¿qué?

A la luz de todo lo que se ha compartido hasta aquí, un pastor o miembro de una iglesia local aún puede preguntarse: "Entonces, ¿qué?". Para responder a esa pregunta, doy las siguientes recomendaciones para la financiación de misiones por parte de las iglesias evangélicas en el Mundo Mayoritario. Mi esperanza es que las iglesias y agencias misioneras de Asia, América Latina, Europa del Este y África; empiecen a poner en práctica estas recomendaciones y vean por sí mismas el asombroso impacto, para Jesucristo, que pueden tener en lugares lejanos. También, espero que las iglesias y agencias misioneras de Europa Occidental, Norteamérica y Oceanía, aprendan de los modelos que muchas iglesias del Mundo Mayoritario están poniendo en práctica.

1. Las agencias misioneras y las iglesias locales del Mundo Mayoritario, deberían romper con el modelo tradicional de financiación de las misiones y hacer uso de los muchos otros modelos de financiación que tienen a su disposición. Tanto la literatura como mi investigación, han demostrado que muchos de estos modelos son aceptables para los pastores y líderes misioneros; y ya se están practicando en muchos países del Mundo Mayoritario.

2. La financiación de las misiones no debe ser responsabilidad exclusiva del misionero. El modelo tradicional tiene sus puntos fuertes, sobre todo, en lo que se refiere a una mejor relación con los donantes y su oración por el misionero. Pero, desde el punto de vista financiero, se basa en ciertas realidades que no se aplican al Mundo Mayoritario; como un nivel económico bastante alto, una familia nuclear que proporciona cierta estabilidad financiera, ingresos disponibles en el país de origen del misionero, la aceptación de acercarse a los posibles donantes para pedir dinero para uno mismo, y una historia que se basa en un modelo empresarial. Todos estos factores son bastante ajenos a muchas culturas del Mundo Mayoritario, como lo han señalado anteriormente los líderes misioneros de Argentina y Etiopía.

3. Las iglesias locales deben centrarse en una visión misionera sin temor a carecer de recursos para la financiación misionera. Mi investigación (Welch 2019) muestra que, la gran mayoría de las iglesias que se comprometen en esfuerzos misioneros significativos, no tienen dificultades financieras después. De hecho, estas iglesias se encuentran en una mejor posición financiera después de su compromiso con la misión mundial. Varios pastores y líderes misioneros en Etiopía, han confirmado que no hay escasez de recursos en el Mundo Mayoritario. Juanita, la misionera peruana que fue a Tailandia (mencionada en el capítulo 5), insistió en que sí se puede recaudar fondos en América Latina, incluso, en estos tiempos difíciles e inciertos. No faltan recursos. Más bien, lo que más falta es una visión misionera.

4. Cada iglesia local, se beneficiaría enormemente formando un "Grupo de Inicio de Misión", para promover la misión global entre los miembros de la iglesia. Este grupo puede movilizar no sólo fondos para misiones, sino también el interés y la oración por los misioneros y los grupos de personas no alcanzadas. Este grupo, también, puede ayudar mucho a las familias que regresan del campo misionero. Si una iglesia local apoya a varios misioneros, cada uno debe tener un representante - un tercero - que sea miembro de este grupo de inicio de misión.

5. En los modelos de financiación en los que ya se proporciona un salario, estas situaciones deben utilizarse, especialmente, para los misioneros que desean trabajar en países donde no aceptan formalmente misioneros. Estos modelos incluyen al misionero que es hacedor de tiendas, el modelo de negocio como misión (BAM), y el misionero que es un trabajador profesional (profesor, médico, ingeniero, etc.). El modelo en el cual el misionero es un empleado asalariado de su iglesia de origen, no debería utilizarse para estos países, incluso si ya se le proporciona el salario, ya que es difícil ocultar el "rastro documental" de dicho salario. Pero, si el salario procede de una entidad ajena a la iglesia o a la misión, esto puede salvaguardar al "trabajador" profesional y permitirle trabajar más tiempo en el extranjero.

6. Las iglesias locales deben aprovechar a los hombres/mujeres de negocios, para capacitar a los misioneros que deben ir al campo misionero extranjero, como "obreros" profesionales en lugar de "misioneros" formales. Demasiadas iglesias ven a estos hombres/mujeres de negocios como una "cuenta bancaria", para financiar los programas de la iglesia, descuidando sus dones y talentos para capacitar a los que salen a la misión. Esta capacitación es fundamental para los misioneros que adoptan el modelo BAM. Dicho entrenamiento podría, incluso, crear un corazón para las misiones entre estos hombres/mujeres de negocios, y la iglesia podría, al mismo tiempo; proporcionarles capacitación misionológica.

7. Un misionero, hacedor de tiendas, debe elegir un trabajo y un empleador que sean creíbles para la población local, y su trabajo debe ser en un campo en el cual se pueda destacar. Preferiblemente, el misionero, no debe ocupar un puesto que podría desempeñar una persona local, para no ser menospreciado por los demás. En la medida de lo posible, también, debe procurar que se mantengan unas condiciones de trabajo adecuadas para él y sus colegas.

8. Las iglesias locales deben estar preparadas para utilizar enfoques no tradicionales de financiación de las misiones. Esto podría incluir el modelo de doce iglesias, en el que cada iglesia local, proporciona apoyo misionero durante un mes al año, como ocurrió en Bolivia. Otro modelo, no tradicional, es el del "puñado de arroz", utilizado en la India, que está resultando muy eficaz, incluso, en las zonas más pobres del mundo. Estos enfoques son la prueba de que las iglesias, de todo el mundo, han sido muy creativas en la financiación de sus misiones.

9. Las iglesias locales, también, pueden beneficiarse de los planes de ahorro rotatorio, que es más un método que se utiliza con otros modelos, que un modelo en sí mismo. Este método es, de hecho, muy tradicional en lugar de no tradicional, ya que existe en casi todo el Mundo Mayoritario. Según mis investigaciones, algunas iglesias locales de Etiopía, ya lo han utilizado para financiar misiones. Las iglesias locales podrían poner en práctica un plan de ahorro rotatorio y hacerlo para ahorrar dinero para la misión. Si cada semana se tomara, inmediatamente, de la ofrenda una determinada cantidad o porcentaje de dinero y se ingresara en una cuenta separada destinada a la misión, las iglesias locales verían hasta qué punto es posible -incluso, bastante fácil- recaudar dinero para la misión. Esta práctica tradicional, al igual que su adaptación bancaria más moderna, se presta sin duda a la financiación de las misiones.

10. Las agencias misioneras pueden y deben dar cabida a estos diferentes modelos de financiación de las misiones. Esto significa que las normas y políticas administrativas deben ser flexibles y, preferiblemente, sencillas. Estas agencias

deben revisar las condiciones para convertirse en "miembro" de la misión, y lo que esto representa, desde el punto de vista financiero. Deben estar dispuestas a cooperar con los empleadores y viceversa, firmando memorandos de mutuo acuerdo con estos "trabajadores".

11. Las agencias misioneras, también deben, estar dispuestas a participar en el apoyo financiero de sus misioneros, especialmente en lo que respecta a la parte administrativa. Una misión en el noreste de la India busca financiación para todos los asuntos administrativos: Seguro médico, seguro de vida, jubilación, tasas de visados y permisos de trabajo, etc. (Welch 2019). Como dijo una persona en Etiopía, las iglesias locales no entienden bien esta parte administrativa, ya que, la mayoría de los miembros de la iglesia no se benefician de estas cosas. Por lo tanto, las agencias misioneras deberían tratar de financiar, ellas mismas, esta parte "incomprensible" del presupuesto mensual en lugar de pedirle al misionero que lo haga.

12. Las iglesias locales del Mundo Mayoritario, deben decidir realizar proyectos y actividades regulares como medio de financiación de la misión. Dichos proyectos y actividades pueden hacer que una iglesia local incluya, una partida individual de "misión" en el presupuesto de la iglesia, lo que; más que cualquier otra cosa, indica que la iglesia se toma en serio la misión global. Esto muestra que, la misión, no es una actividad subsidiaria u opcional para la iglesia local. Se han descubierto muchos ejemplos que se han citado en esta investigación.

13. Es crucial que, las iglesias locales y las agencias misioneras, se tomen en serio los ejemplos africanos de la Biblia y los sigan. En el libro de los Hechos, hubo africanos que estuvieron presentes en el nacimiento de la iglesia, en el nacimiento de la misión transcultural y, podría decirse, en el nacimiento de la formación misionera en la iglesia. Desde el principio de la misión, los africanos estuvieron implicados. Es hora de que la iglesia del Mundo Mayoritario, representada por la iglesia de África en las Escrituras, reavive este mismo entusiasmo por la misión.

14. Las agencias misioneras y las iglesias locales pueden seguir el ejemplo del sector empresarial mundial y creer en el futuro económico del Mundo Mayoritario. La evidencia nos rodea en lo que respecta a los avances económicos; las enormes inversiones que se están realizando, los nuevos desarrollos en el mundo de la información, el nuevo vínculo entre los smartphones y el sector bancario, los avances en el sector privado, y el creciente número de empresarios competentes. El progreso es innegable, y el futuro económico del Mundo Mayoritario es muy prometedor.

15. La iglesia del Mundo Mayoritario debería reflexionar sobre cómo puede utilizar los smartphones para la misión. El uso de teléfonos inteligentes significa que, la iglesia local, puede estar en contacto directo con su misionero en otro continente. El pastor de una iglesia local puede orar, en tiempo real, con sus misioneros en el campo. Un misionero puede seguir cursos de actualización teológica sin necesidad de volver a casa. Una familia misionera puede hablar, fácilmente, con sus padres y verlos en las pantallas con motivo de días festivos y los cumpleaños. Los donantes financieros pueden transferir dinero directamente al misionero en el extranjero. Y la lista podría ser interminable. Los avances en la tecnología telefónica son una bendición para la iglesia en África, Asia y América Latina; si tan sólo la iglesia se tomara el tiempo para reflexionar sobre una utilización más eficaz de esta herramienta.

Estas recomendaciones pueden ayudar a la iglesia del Mundo Mayoritario a tomar parte, mucho más activa, en la misión global; una parte que no siga el modelo de lo que hacen las iglesias y agencias misioneras occidentales. La iglesia del Mundo Mayoritario comprende, cada vez mejor, que se espera que todas las iglesias del mundo, no sólo las occidentales o las pocas iglesias "ricas" de Asia, participen en la misión global. Cada una tiene un papel que desempeñar y cada una tiene una contribución única que ofrecer; porque la iglesia de Jesucristo es, de hecho, una iglesia interdependiente. Los equipos misioneros internacionales representan mejor el evangelio universal que los equipos misioneros monoculturales.

Un modelo de financiación de las misiones "de talla única", ya no es apropiado en nuestro mundo. Dado que las iglesias y los países que envían misioneros son tan diferentes entre sí, los modelos de financiación para el envío de misioneros, también deben ser diferentes entre sí. Una gran variedad de países de envío, requiere una gran variedad de modelos de financiación. Nuestro Dios es Creador y creativo. Los nuevos modelos de financiación de las misiones deben seguir Su ejemplo.

Dos categorías de financiación para misiones

Aunque una parte importante de este libro aborda el tema de los misioneros, individuales, que tienen que recaudar su propio apoyo financiero; aquí quiero destacar que las agencias misioneras, también, tienen que recaudar fondos colectivamente para sus operaciones diarias. Las agencias misioneras tienen sueldos que pagar, equipos que comprar, seminarios de orientación que celebrar, informes ministeriales que emitir, recibos que enviar por correo a los donantes, mercancías que enviar al extranjero, y muchas tareas más relacionadas con la misión, podrían añadirse a esta lista. Esto significa que la financiación de la agencia misionera es un factor tan importante como la financiación del misionero. Después de todo, si un misionero recibe todo el apoyo, pero su agencia misionera lucha por mantener las puertas abiertas, seguramente sentirá el impacto negativo de las dificultades financieras de la agencia. La financiación corporativa es tan esencial como la financiación individual si una agencia misionera quiere sobresalir en su vocación.

En el siguiente cuadro, vemos que varios de los modelos, estrategias y ajustes mencionados en este libro, pueden servir para generar o complementar la financiación de las agencias misioneras; del mismo modo que pueden servir para hacer lo mismo con la financiación individual de los misioneros (como se indica en cursiva).

Modelos y estrategias de financiación:

Financiación misionera
Modelo tradicional
Financiación de tiendas
Negocio como Misión (BAM)
Modelo de 12 iglesias
Asociaciones
Financiación colectiva
Puñado de arroz
Empleo a tiempo parcial
Agencia misionera busca apoyo
Apoyo decreciente con el tiempo
Ahorros rotatorios
Vivir del fruto del ministerio
Designación de la misión
Apoyar un ministerio, no a un misionero

Financiación de la agencia misionera
Gastos administrativos
Dotaciones
Reducción de costos
Procedimientos simplificados
Asociaciones

Financiación colectiva
Puñado de arroz
Empleo a tiempo parcial
La agencia misionera contribuye a la iglesia local

Ajustando el modelo tradicional:

Financiamento misionero
Campaña de promesas
Apoyo de terceros
Grupo de inicio de misión
Financiamiento de diáspora

Financiamiento de agencias misioneras
Campaña de promesas
Apoyo de terceros
Grupo de inicio de misión
Financiamiento de diáspora

Sea cual sea el modelo utilizado para generar los ingresos de un misionero, muchas agencias misioneras "cobran" a sus misioneros una especie de tasa administrativa, es decir; un porcentaje de los ingresos de los donantes, o una tasa fija que se impone al misionero. Esa cantidad se retiene de los ingresos de los donantes del misionero y la agencia misionera, la destina para sus propios gastos de funcionamiento, como los mencionados anteriormente. Para algunas agencias misioneras, esta es su principal fuente de ingresos. Sin embargo, sería bueno encontrar otras fuentes para financiar sus gastos de funcionamiento. Los modelos que se presentan en este libro pueden ser algunas de esas otras fuentes.

Las agencias misioneras pueden invertir sus ingresos procedentes de las iglesias o de otros donantes, al menos durante un breve periodo de tiempo, y así obtener intereses de esa inversión. Evidentemente, tienen que elegir sus inversiones con mucha sabiduría, como ya se ha dicho en la sección dedicada a las dotaciones. Pero, una vez que, una agencia misionera cuenta con una suma importante de dinero que puede reservarse para proyectos posteriores, ese fondo puede generar intereses para la agencia. Es raro que, un misionero, individual, tenga suficiente dinero para apartar y poder vivir de los intereses que genera ese dinero. Sin embargo, es más probable que una agencia misionera pueda hacerlo. Por eso, el uso de dotaciones, es un modelo que se aplica a las agencias misioneras, pero no a los misioneros individuales.

La reducción de costos y la simplificación de los procedimientos también se aplican, de forma más general, a una agencia misionera y no a un misionero, ya que sería poco habitual que un misionero empleara a otras personas y trabajara con sistemas administrativos, salvo en el caso de los que utilizan el modelo BAM.

Una agencia misionera que contribuye a una denominación o a una iglesia local, de vez en cuando, está construyendo una muy buena relación con esa denominación o iglesia. Aunque el objetivo no es obtener algo a cambio, es probable que, si los beneficiarios de la generosidad de la misión disponen de fondos adicionales, los donen a una agencia misionera que haya contribuido con ellos en el pasado. Si el personal de la agencia misionera ha aportado tiempo y trabajo, o incluso fondos, para ayudar a una iglesia, es muy posible que haya reciprocidad por parte de esa iglesia cuando su situación se lo permita.

Hay cuatro modelos que funcionan bien tanto con misioneros individuales como con agencias misioneras. El gráfico muestra que las asociaciones, la financiación colectiva, el puñado de arroz, y el empleo a tiempo parcial; pueden utilizarse para generar ingresos para una agencia misionera. Las asociaciones pueden establecerse entre denominaciones eclesiásticas y agencias misioneras una vez que, ambas, hayan establecido y acordado cuidadosamente los parámetros de dicha asociación. Las agencias misioneras pueden recurrir a la financiación colectiva para determinados proyectos, lo cual puede resultar atractivo para los más jóvenes, acostumbrados a hacer donaciones de ese modo. Las iglesias pueden animar a sus miembros a utilizar el modelo del puñado de arroz, para ayudar a sostener una agencia misionera, así como a misioneros individuales. Y, un empleado de una agencia misionera, puede pedir a su cónyuge que trabaje a tiempo parcial; para no depender, totalmente, de los ingresos de una agencia misionera que no dispone de fondos para ofrecer un salario generoso.

Del mismo modo, los cuatro "ajustes" mencionados en el capítulo 5 pueden utilizarse en beneficio de una agencia misionera. Las iglesias pueden iniciar una campaña de promesas que beneficie a una agencia misionera específica, en lugar de a un misionero específico. Asimismo, un donante individual que apoya a un misionero que trabaja con una agencia muy respetada, puede abogar dentro de su iglesia para que ésta, también, contribuya a dicha agencia misionera. Los miembros de un "grupo de inicio de misión" pueden hacer lo mismo, ya que es más probable que sepan qué agencias son las más fructíferas en el ministerio. Y las agencias misioneras, a menudo, tienen proyectos o alcances evangelísticos para grupos específicos de personas en todo el mundo. Pueden encontrar a personas, de esos mismos grupos, que vivan fuera de su país de origen y ponerse en contacto con ellas para pedirles ayuda económica, puesto que el proyecto está elaborado para ayudar a algunos de sus amigos y familiares que aún viven en el país de origen.

Los modelos y estrategias sugeridos en este libro, tienen la ventaja de funcionar tanto con la recaudación de fondos individuales como con la de las empresas. Pueden ser útiles tanto para financiar a un misionero como a una agencia misionera, y ambos son necesarios si se quiere que cualquiera, de ellos, preste un servicio eficaz durante un largo período de tiempo.

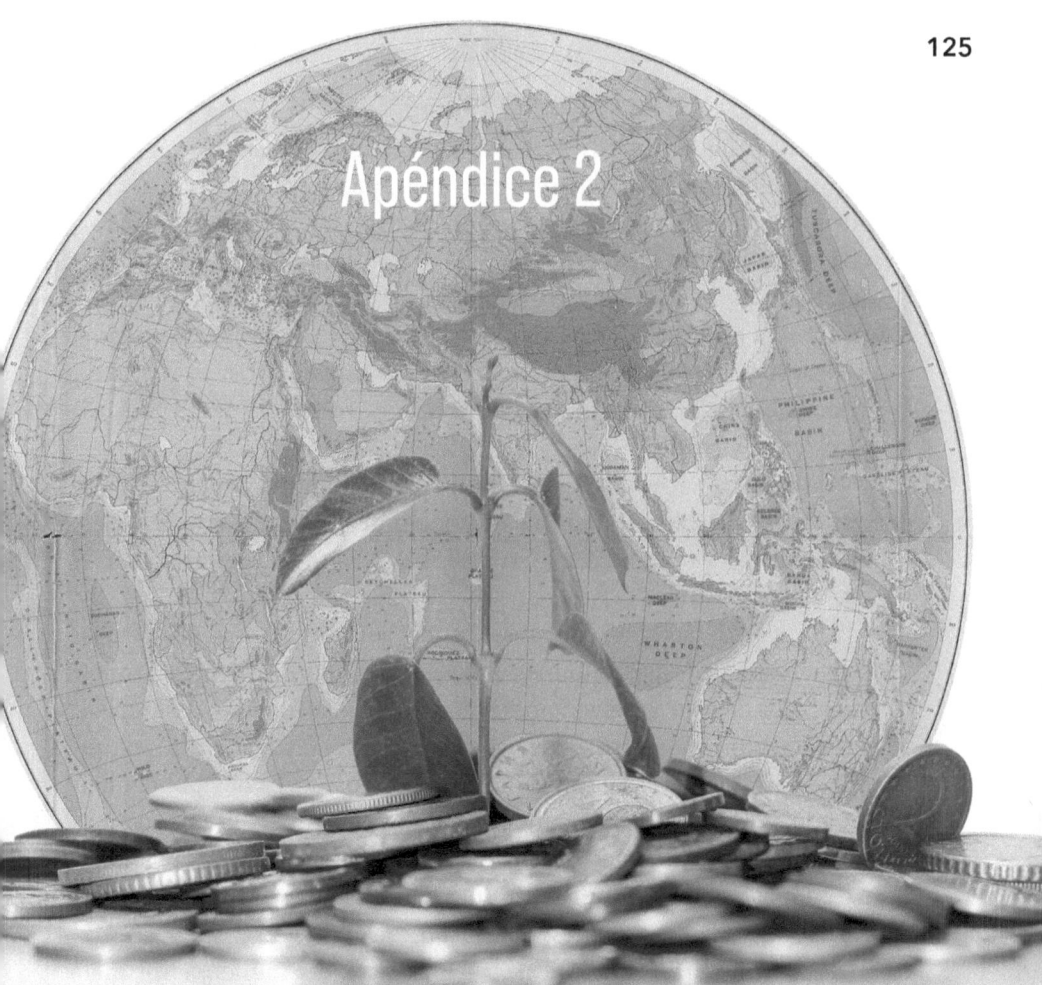

Apéndice 2

La nueva posición económica de África

Aunque el objetivo de este libro es dirigirse a las iglesias de todo el Mundo Mayoritario en el ámbito de la financiación misionera, gran parte de mi investigación, junto con treinta y un años de mi vida, se refiere a África. Y, a diferencia de Asia y América Latina, África, ha sido percibida como un continente con tantos problemas económicos que, siempre, tendrá que "ponerse al día" en lo que respecta al envío de misioneros. Pero, me gustaría decir que, esa percepción es errónea. No sólo la iglesia cristiana ha avanzado enormemente en el último medio siglo, sino que también lo ha hecho la economía africana.

Al igual que en Asia, América Latina y Europa del Este, hay países en África que han conocido un progreso social y económico significativo y otros que han conocido retrocesos políticos y tecnológicos. Y aquéllos que han conocido el progreso tecnológico y económico, pero también el retroceso social y político. Usted puede disponer de esos adjetivos en torno a ésos dos sustantivos, como quiera, y encontrar un país de África, Asia, América Latina, o Europa del Este donde sean precisos. Y, por desgracia, lo mismo puede aplicarse, cada vez más, a Europa Occidental y Norteamérica.

En muchos aspectos, África, no es tan diferente de cualquier otro continente del planeta (con la excepción de la Antártida). Pero, las viejas formas de ver a África no mueren. Por eso me gustaría añadir este apéndice.

Es cierto que los países africanos se enfrentan a obstáculos considerables en sus economías: Infraestructuras insuficientes, niveles muy bajos de bancarización, industrias poco desarrolladas, desempleo elevado, y muchos otros. Según Luca Ventura (2022), en la revista económica Global Finance, de 192 países, los doce más pobres del mundo, según el PIB per cápita, están todos en África. Burundi, ocupa el desafortunado primer puesto de la lista. Además, de los cuarenta países más pobres del mundo, treinta y uno están en África. Fuera de África, Yemen ocupa el puesto más bajo con el número 180.

Por otra parte, entre los países más ricos del mundo, el primer país africano de esta lista es Seychelles, que ocupa el quincuagésimo séptimo lugar, justo por delante de Malasia (número cincuenta y ocho). Los "gigantes" africanos, en términos de población, apenas figuran entre los cien países más ricos: Sudáfrica ocupa el puesto número noventa y nueve, y los demás no están entre los cien primeros; Egipto ocupa el puesto 101, Nigeria el 144, Etiopía el 161 y la República Democrática del Congo el 189, ¡nueve puestos después de Yemen!

¿Cómo es posible, entonces, que Nigeria envíe miles de misioneros a todo el mundo? ¿Cómo es que Etiopía envía misioneros a Pakistán y a China? Lógicamente, su menor rango económico debería impedirles enviar a tantos misioneros al extranjero. Al parecer, el rango en la lista de países pobres, no es el único indicio de tener en cuenta. He aquí, otras observaciones económicas sobre el continente africano.

Crecimiento económico

Ciertas actitudes hacia África durante el siglo XX ya no son válidas en el siglo XXI, puesto que la situación ha cambiado, especialmente en el plano económico. En el African Business Journal, MohamadouSy (2013, 34-35) escribe:

> El comercio entre África y el resto del mundo ha aumentado un 200% desde el 2000. El comercio intraafricano ha pasado del 6% al 13% del volumen total desde el 2000. Sin embargo, el continente sólo dirige a sí mismo el 13% de sus exportaciones, frente al 50% de Asia y el 70% de Europa. La inflación se desplomó del 22% en los años 90 al 8% en la última década. La deuda externa se redujo en una cuarta parte y los déficits presupuestarios en dos tercios. Además de su resistencia a la crisis, sorprende la naturaleza del crecimiento del continente, que esta vez, parece apoyarse en una fuerte demanda interna.

Este tipo de observaciones pueden encontrarse, por todas partes, en artículos y libros que hablan de la economía africana actual. En su libro: *The Next Africa*, Jake Bright y Aubrey Hruby (2015, 47) explican que:

> Desde el año 2000, la IED en África subsahariana se ha multiplicado por siete, duplicándose entre el 2004 ($12 billones) y el 2008 ($38 billones); y aumentando un 42% del 2008 al 2014, a los $55 billones.

Incluso, la revista *The Economist*, que en el 2000 etiquetó a África como "el continente sin esperanza" (Bright y Hruby 2015, 7), informó en enero del 2011 que "entre las diez economías de más rápido crecimiento en la década 2000-2010, África tenía seis. Sostuvo que en el 2015, el continente africano produciría siete de las diez principales economías" (Bright y Hruby 2015, 21). El África de hoy convence a los escépticos de ayer.

Inversiones

Francia invierte en los países que forman parte de sus antiguas colonias, pero no con un sentido de obligación histórica. El periodista Hichem Ben Yaïche (2016, 21), entrevistó a Xavier Beulin, presidente del grupo alimentario francés Avril. Este último explicó que:

La agricultura forma parte de una estrategia política. Ya no soy yo quien lo dice, son los grandes observadores internacionales. Por eso nosotros, hoy, creemos en el continente africano. ... Hay grupos como Avril, - y hay otros, como Bolloré, que están haciendo cosas en su campo -; que creen en África, y que están dispuestos a invertir. ... Por último, el continente que, en mi opinión, se desarrollará en las próximas décadas es África. Así que, será mejor que vayamos pensando en eso.

Está muy claro que el mundo comercial ve a África con una nueva perspectiva en comparación con el pasado, y los "grandes observadores internacionales" de los que hablaba Beulin, así lo confirman.

Una encuesta del 2014, coordinada por asociaciones sudafricanas, indicó que la mayoría (70%) de las empresas de capital privado prefieren invertir en África, en comparación con otras grandes regiones del mundo; debido a su tasa de crecimiento relativamente alta comparada con otras regiones del mundo (Jones 2014). Una encuesta anterior realizada por una asociación de capital privado con sede en Washington, arrojó un resultado similar, ya que, el 54% de los gestores de fondos tenía previsto iniciar o continuar invirtiendo en África (Jones 2014).

La presidenta y CEO de una empresa de capital riesgo (o emprendedor) de Estados Unidos, Elizabeth Littlefield (2014), explica que los investigadores constataron que la inversión en África arrojaba un rendimiento anual del 11,2%, superior al de los fondos de capital riesgo estadounidenses. Concretamente, la IED en el África subsahariana, ha mostrado una tasa de crecimiento del 19,5% en los últimos siete años (Littlefield, 2014). Estos resultados explican por qué los donantes internacionales ven a África como un lugar muy prometedor y atractivo para invertir.

En un número de la revista *African Business* centrado en la relación económica entre África y Singapur, el director general de la consultora Greater Kingdom, Stephen Bwansa, afirma: "En África abundan las oportunidades. Son las mismas oportunidades que ofrecía China hace cuarenta años" (Ford 2015, 8). El presidente del consejo de administración de esa firma, Elim Chew, añade: "África es la próxima frontera. Es un mercado enorme y necesita lo que ofrece Singapur" (Ford 2015, 8).

Estas citas muestran, claramente, que los países asiáticos están dispuestos a invertir en África, y no sólo Singapur. Según el periodista Sébastien Le Belzic, "desde el 2009, China ha sido el mayor socio comercial de África. ... En los últimos diez años, China ha invertido más de $75 billones, casi tanto como Estados Unidos" (Le Belzic 2016, 28). Sin embargo, otros expertos señalan que la cartera total de inversiones de Malasia en África supera a la de China (Bright & Hruby, 2015). Y mi experiencia personal en Costa de Marfil demuestra que otros países asiáticos, especialmente los de Oriente Medio, como Irán, Turquía y Arabia Saudita, están dispuestos a invertir en los sectores bancario y de infraestructuras. Los donantes de todo el mundo miran ahora a África, un continente que merece la pena arriesgar.

Remesas

Un elemento adicional que vale la pena mencionar aquí, es el dinero enviado a África por lo que se conoce como la diáspora africana, es decir, los africanos que han emigrado a países fuera del continente africano. Es bien sabido que los africanos son muy generosos, y los que abandonan sus países de origen para encontrar trabajo en Europa, Norteamérica, o Asia, envían dinero regularmente a sus familias que permanecen en África. Pero la cuantía de estas remesas no suele publicarse.

Bright y Hruby nos informan que, desde el 2010, el dinero enviado por transferencia electrónica a África subsahariana, supera la cantidad que esta región recibe en ayuda exterior. Y en los dos años 2010 y 2011 para todo el continente, informan que las remesas de los inmigrantes africanos superaron la IED para el continente (Bright & Hruby, 2015). Las cifras del 2015 indican que, las remesas de los miembros de la diáspora africana alcanzaron los $62 billones, mientras que las de la IED ascienden a $55 billones y la ayuda exterior para África a $50 billones (Fiano, 2017).

Esta generosidad africana de los miembros de la diáspora es algo que la iglesia africana debería tener en cuenta. Sin duda, hay muchos cristianos en la diáspora africana que estarían muy dispuestos a considerar programas y proyectos que hagan avanzar el reino de Dios a través de misioneros africanos.

Riesgos

A pesar de todos estos ejemplos de crecimiento económico en África y de los numerosos casos de inversión en África, ¿significa esto que ya no hay problemas financieros en el continente africano? Por supuesto que no. Estos mismos autores, periodistas e inversores, reconocen que siguen existiendo problemas. Bright y Hruby (2015, 112) explican:

> Vemos tres causas de perturbación que podrían obstaculizar los revolucionarios avances económicos de algunos países africanos: Desempleo masivo y discordia pública; incapacidad institucional para alinear las motivaciones de los hiperricos con el bien común; cambios raros e inesperados en el mercado.

Bright y Hruby entienden que una serie de buenas estadísticas no significa que todo sea de color de rosa. Aún quedan obstáculos por superar. Otros observadores están de acuerdo. Mohamadou Sy (2013, 40) señala que el problema de la gobernanza sigue ahí:

> África avanza poco en la construcción de Estados de derecho, basados en elecciones libres y transparentes en las que los ciudadanos participen pacíficamente en la vida política de su país. Aunque el número de regímenes autoritarios permanece estable, el número de regímenes híbridos (o semidemocráticos) y democracias imperfectas aumenta muy ligeramente.

Neil Ford afirma que las inestabilidades políticas, económicas, y de seguridad, han disuadido a algunas empresas singapurenses de invertir en el pasado y cita a un director de International Enterprise en Singapur quien afirma que pueden existir "focos de intranquilidad" (Ford 2015, 8). Estas observaciones muestran que el lado negativo de África aún no ha desaparecido, e incluso, que todavía queda mucho por avanzar. También, los grupos que facilitan la inversión en África hablan por un lado de la IED, que ha pasado de $566 millones en el 2003 a más de $6.000 billones en el 2013, y luego, por otro lado, hablan de los problemas jurídicos, económicos, políticos y operativos que asolan el continente africano (Songhai Advisory Limited Loability Partners, s.f.).

Al mismo tiempo, sin embargo, todas estas observaciones indican que África ha progresado económicamente en los últimos años y es probable que siga haciéndolo. Con economías más fuertes e inversiones crecientes, aumentará el número de puestos de trabajo, progresará el desarrollo y crecerán las oportunidades económicas y financieras para los trabajadores. La comunidad empresarial ya parece reconocer a África como un continente con grandes promesas financieras. Su visión de África es casi ilimitada.

Todos los ejemplos citados se refieren esencialmente al aspecto financiero de la economía en el África moderna. Pero, hay muchos otros aspectos que hacen que la economía africana esté mucho más desarrollada que en el pasado y, por tanto, no deben tratarse de la misma manera. A continuación examinaremos algunos de estos aspectos, pero no profundizaremos en ellos.

Telecomunicaciones

El sector probablemente más impresionante es el de las telecomunicaciones. Con la llegada de los teléfonos móviles, la telefonía en África ha saltado muchas generaciones de tecnología a la vez. Según Bright y Hruby (2015), alrededor del 70% de los africanos al sur del Sáhara poseen un teléfono móvil. Basándonos en nuestra propia experiencia en la zona urbana de Abiyán, estimamos que en la ciudad, el porcentaje de personas que poseen un teléfono móvil se acerca al 90% de la población. Y esto es sólo el principio, ya que los "smartphones", que son mucho más potentes que los primeros teléfonos móviles, están empezando a ganar más cuota de mercado.

Bright y Hruby (2015, 187-88) afirman:

> La conversión de África a los smartphones y otros dispositivos de internet, presentará más de una oportunidad global para las compañías telefónicas. Transformará por completo la actividad empresarial y social en el continente, especialmente con la mejora de la banda ancha. Los teléfonos inteligentes se convertirán en la plataforma central para casi todo en África.

Cabe preguntarse si esta idea, publicada en el 2015, no se ha alcanzado. Con un smartphone, los clientes pueden comprar combustible en una gasolinera. Con un smartphone pueden pagar la factura de la luz. Con un smartphone pueden transferir dinero a otra persona, recibir mensajes de vídeo de sus amigos; pueden participar en un curso de capacitación desde otro continente, mientras conducen por una autopista en África; pueden recibir un aviso sobre un incidente inseguro en una zona de su ciudad; pueden ordenar la cena y pedir que se la lleven a casa; pueden reservar y comprar un boleto de avión y recibir el pase de abordar. La lista es interminable.

En el 2016, la gran compañía telefónica Orange, firmó una nueva asociación con el gigante cibernético Google para los mercados de África y Oriente Medio. Anunciaron que "esta asociación permitirá ofrecer, a los clientes, lo mejor de ambos socios en términos de acceso y contenido, a través de un paquete de comunicación digital todo incluido" (Choisnet 2016, 6).

Esto significa que, en el futuro, los ciudadanos podrán hacer aún más con sus smartphones, y a un precio más bajo.

Tecnología de la información

Los avances en el campo de la tecnología telefónica deben su éxito a otro sector de la economía, el de la tecnología de la información. La tecnología de la información es más conocida por la abreviatura IT. Sin la tecnología de la información, la comunicación nunca habría tenido la oportunidad de beneficiarse de estos avances.

En África Oriental existen muchas empresas informáticas emergentes, especialmente en Kenia, que ha adquirido el nombre de "*Silicon Savannah*", (tomado del nombre que tiene "*Silicon Valley*" en California, donde se encuentran muchas pequeñas empresas informáticas). Estas pequeñas empresas de información utilizan la tecnología de los smartphones para que, una persona pueda hacer cualquier cosa que imagine. Por ejemplo, un granjero puede poner pequeños chips en las orejas de sus vacas o cabras, para seguir, no sólo los movimientos de sus rebaños, sino también la salud de cada animal. O, un habitante de la ciudad puede utilizar su smartphone para evitar los atascos de camino a casa desde el trabajo. Cada vez son más las personas que compran artículos para el hogar o ropa en la plataforma Jumia, que también ofrece entrega a domicilio.

En el 2016 Jumia, bajo la supervisión de AIG en Nigeria, anunció una asociación con Axa, "que permite, al grupo francés, convertirse en el proveedor exclusivo de productos y servicios de seguros en la plataforma Jumia, así como en todas las demás plataformas en línea y móviles de AIG" (Choisnet 2016, 6).

Esta lista podría continuar *ad infinitum*. Pero hay que destacar dos cosas. Por un lado, éstas nuevas empresas de tecnologías de la información pueden encontrarse ahora en casi todas partes en África, al igual que en otras partes del Mundo Mayoritario. Bright y Hruby (2015), creen que esto se debe a la enérgica influencia de las pequeñas empresas de tecnologías de la información en *Silicon Savanna*. Dado que este fenómeno se está extendiendo por todo el mundo, es difícil conocer realmente la verdadera motivación que hay detrás de todas estas empresas emergentes.

Por otro lado, hay que destacar el impacto de esta nueva ola tecnológica en las transferencias de dinero. Por ejemplo, en Kenia, la principal empresa de telecomunicaciones, Safaricom, puso en marcha el servicio M-Pesa, - la letra M significa "móvil", y pesa es la palabra swahili para "dinero". En dos años, M-Pesa tenía más de seis millones de clientes y transfería más de $1,5 billones al año (Bright y Hruby 2015). Éste nuevo método de transferencia de dinero aumenta enormemente la seguridad de los comerciantes, que ya no tienen que llevar mucho dinero en efectivo. Ayuda a los padres a pagar los gastos escolares, de sus hijos, con mayor facilidad.

El equivalente a un tercio del PIB de Kenia pasa por M-Pesa, lo que convierte a Kenia, en uno de los países más avanzados en términos de economía no monetaria (Bright y Hruby 2015). Y muchos países tienen su equivalente a M-Pesa: En Ghana, está Tigo; en Costa de Marfil, Orange Money y Mobile Money de MTN; en Nigeria, Glo Mobile de Globacom, Share Money y muchos otros; y la lista podría continuar para cada país del África subsahariana.

Esta nueva revolución, sin dinero en efectivo, tendrá un gran impacto en las iglesias locales en el Mundo Mayoritario. En primer lugar, una iglesia puede utilizar los servicios de dinero móvil para sus ofrendas semanales, y los miembros pueden contribuir desde sus cuentas bancarias - si las tienen – o, cuentas telefónicas. Se trata de un método seguro para las grandes iglesias que ya no necesitarán recibir dinero en efectivo *in situ* para apoyar sus ministerios. En segundo lugar, a las iglesias locales, también les resultará más fácil apoyar a una agencia misionera o, incluso, a una familia misionera en el campo, completando una simple y fácil transferencia de dinero a través de un smartphone.

Al mismo tiempo, los misioneros y el personal de las iglesias locales pueden contratar, más fácilmente, un seguro médico o una pensión. Además, las tarifas de estos servicios seguramente disminuirán con el tiempo, lo cual es otra ventaja para la iglesia en África, América Latina y Asia. Esta nueva tecnología está influyendo rápidamente en la vida y las finanzas de las iglesias.

Sector bancario

Otro sector, mencionado en un capítulo anterior, es el bancario. En el Mundo Mayoritario, este sector funciona muy bien en los países asiáticos y bastante bien en la mayoría de los países de América Latina. Pero, en África, la situación es diferente. Con respecto al banco tradicional antes de la llegada de las nuevas tecnologías, alrededor del 80% de los africanos no tenía acceso al banco tradicional (Fiano 2017), debido a la falta de salarios seguros o de tierras que pudieran utilizarse como garantía. En consecuencia, existe una enorme base de clientes que los bancos aún pueden atraer; y, cada vez más, el "banco móvil" está proporcionando los cómodos servicios que desean sus clientes.

Según Hichem Ben Yaïche y Guillaume Weill-Raynal (2016, 14), Boubker Jaï, director general del Attijariwafa Bank, afirma:

> Además, el reto para nosotros, en cualquier parte del continente, es estar en perfecta coherencia con las necesidades locales. No se trata sólo de duplicar productos que han funcionado en otros lugares, sino, sobre todo, de conocer bien el mercado y proponer productos adecuados. En términos de funcionalidad, por supuesto, pero también en términos de precio.

Esta cita demuestra que los bancos buscan adaptarse a las necesidades reales de sus clientes y de ser así, deben hacerlo a un precio módico. Estos cambios pueden ser útiles para las iglesias locales y las agencias misioneras, ya que, los bancos, buscan reducir sus tasas de servicio ofreciendo productos que se adapten mejor a las necesidades de sus clientes. Además, el acceso a tarjetas de crédito, o al menos de débito, será de gran utilidad para los líderes de iglesias y misiones, por no hablar de los servicios a los propios misioneros. Estos servicios, de fácil uso, serán muy apreciados por los usuarios que sirven en el campo misionero.

Otro servicio bancario que puede ser adecuado para una misión es, las cuentas de ahorro. África cuenta con un sistema de ahorro tradicional denominado: Asociación de ahorro y crédito rotatorio, comúnmente llamado *tontine* en los países francófonos. En Ghana, se denomina *susu*; en Etiopía, *equb*; en Kenia, *chikola* o *harambee*; en

Nigeria, *adashe*; y en Perú, *pandero*. Este sistema de ahorro no sólo es más flexible que una cuenta de ahorro en el banco, sino que, Abdoulaye Kane afirma: "Cabe destacar que el 92% de los *tontines* encuestados, no experimentaron ningún fracaso grave" (Kane 2010, 174). Este resultado es, significativamente, mejor que el de la mayoría de los programas de microfinanciación de los bancos "modernos". Algunos de estos últimos han adaptado sus políticas a este sistema tradicional, dando lugar al Grameen Bank de Bangladesh o a los *tontibanques* de Camerún, fundadas por el Dr. Paul Fokam, quien también es el fundador del Afriland First Bank (Sembène 2015). Otras adaptaciones del *tontine* han sido realizadas por empresas de telecomunicaciones, como Tigo en Ghana. Frédéric Maury, de Jeune Afrique (2014, 15), explica:

> Tigo ha decidido ofrecer una alternativa a una de las tradiciones más arraigadas en Ghana: El susu, un programa de microcréditos muy popular. El país África Occidental cuenta con miles de recaudadores a los que la gente, a menudo mujeres, confía sus ahorros. Un sistema basado en la confianza, que Tigo ha decidido aprovechar: Desde principios del 2013, los abonados ya pueden ahorrar a través de Tigo. En seis meses, 6.000 mujeres habrían decidido optar por esta solución.

Esta adaptación se asemeja a una cuenta *tontine* personal, en la cual, cada persona decide cuánto dinero puede depositar cada vez y con qué frecuencia puede sacarlo. Es probable que estas condiciones sean requisitos previos para abrir una cuenta de este tipo.

Gobernanza

Otro sector muy importante es el de la gobernanza. Algunos países del Mundo Mayoritario son conocidos por sus deficiencias en materia de buena gobernanza, a pesar de que existen bastantes excepciones a esta "regla" y se están realizando enormes esfuerzos en este sector. En la revista African Business, el periodista Yacouba Barma Aboubacar (2016, 32) reconoce que: "Ya se están produciendo varios avances alentadores; cada vez, más Estados adoptan visiones sectoriales estructuradas y materializadas, por planes cuantificados y proyectos de inversión orientados en todos los ámbitos". Esto demuestra que los ministros se toman en serio su trabajo, lo cual da confianza a los agentes económicos.

También se creó en el 2008 la "Iniciativa para la Gobernanza de África de Tony Blair", establecida por el ex Primer Ministro del Reino Unido. Se supone que este programa dota a los líderes africanos con la capacidad necesaria para prestar servicios públicos, más eficaces, a sus ciudadanos. Además, persigue la colaboración entre el sector privado y los funcionarios públicos para hacer frente a la pobreza. En el 2011, el importante empresario nigeriano Tony Elumelu, antiguo consejero delegado del United Bank of Africa (UBA), se unió a Blair para desarrollar la experiencia y la capacidad en el centro del gobierno, con el fin de mejorar el clima empresarial en estos países (Africa Governance Initiative, 2011).

Estos esfuerzos, también, pretenden acabar con la corrupción gubernamental, lo que sólo puede beneficiar a la sociedad en general, incluidas las iglesias y las agencias misioneras. Una administración eficaz, un sistema jurídico justo, una educación en la que la promoción de los ascensos se base en el mérito, infraestructuras modernas y bien desarrolladas, un cuidado de salud pública eficiente y nombramientos para cargos públicos libres de clientelismo – todo esto caracteriza a un sector público que funciona bien.

Además, la población de cada país debe poder beneficiarse de todos estos elementos. Las iglesias locales deben liderar la lucha por estas mejoras porque, al hacerlo, estarán demostrando ministerios holísticos que llegarán a toda la sociedad africana y, a su vez, abrirán puertas a los africanos en África y en todo el mundo. Toda la logística de enviar misioneros africanos se simplificará, si los gobiernos africanos funcionan eficazmente.

¿Y la Iglesia qué?

El propósito de esta sección sobre la posición económica del Mundo Mayoritario y, especialmente de África, es informar al lector de lo que realmente está sucediendo con todas estas estadísticas y citas que conciernen al mundo de hoy, por no mencionar al África del 2050, cuando representará el 40% de la población mundial, en lugar del 15% actual. Se espera que, para entonces, la población africana alcance un billón de habitantes, superando a China e India si la natalidad sigue al ritmo actual. (Bright y Hruby, 2015).

Este hecho, en sí mismo, dará a África una posición de poder en el mundo. Pero, una África económicamente fuerte y políticamente estable será aún más poderosa. Lo mismo puede decirse de una África con infraestructuras sólidas, ciudadanos bien educados y niños sanos. África ya está avanzando hacia estos objetivos. La comunidad empresarial cree en África y ya ha invertido en esta visión. ¿Y, qué de la iglesia?

Lista de referencias

Aboubacar, Yacouba B. "Des solutions africaines aux défis africains." *African Business* [French edition] 43 (2016): 31–33.

Africa Governance Initiative. "The Blair Elumelu Fellowship Programme: Supporting African Governments to Advance Economic Development." Press release. AllAfrica InfoWire, June 15, 2011. https://allafrica.com/stories/201106151336.html.

AfriGo. "The Pastor: A Crucial Advocate for Missions." Azaki Nash 7, no. 2 (June 2022): 5.

AfriGo. "A Pastor's Heart, A Church's Response." 7, no. 2 (June 2022): 7.

Anderson, Courtney. *To the Golden Shore: The Life of Adoniram Judson*. Valley Forge, PA: Judson Press, 1987.

Bakke, Dennis W. *Joy at Work: A Revolutionary Approach to Fun on the Job*. Seattle: PVG, 2005.

Barber, Ben. "Authoritarianism Gains in Southeast Asia." *The Foreign Service Journal* (2018). https://afsa.org/authoritarianism-gains-southeast-asia.

Ben Yaïche, Hichem. "L'Afrique, il faut y aller." *African Business* [French edition] 43 (2016): 18–21.

Ben Yaïche, Hichem, and Guillaume Weill-Raynal. "Nous offrons les synergies d'un groupe régional." *African Business* [French edition] 43 (2016): 14–17.

Bessenecker, Scott. *Overturning Tables: Freeing Missions from the Christian-Industrial Complex*. Downers Grove, IL: InterVarsity Press, 2014a.

Bessenecker, Scott. "Turning the White Parachurch Ship Around?—A Solutions Guest Post," by Scott Bessenecker. *Minister Different—Series: Funding Multiethnic Mission*. April 17, 2014b.

Bjork, David. *Nous sommes tous disciples!* Carlisle, UK: Langham Global Library, 2015.

Blomberg, Craig. Christians in an Age of Wealth: A Biblical Theology of StewardshiGrand Rapids: Zondervan, 2013.

Bonk, Jonathan. Missions and Money. Revised and expanded. Maryknoll, NY: Orbis Books, 2006.

Borthwick, Paul. Western Christians in Global Mission: What's the Role of the North American Church? Downers Grove, IL: InterVarsity Press, 2012.

Bright, Jake, and Aubrey Hruby. The Next Africa: An Emerging Continent Becomes a Global Powerhouse. New York: St. Martin's Press, 2015.

Bureau of Economic Analysis (BEA). "Gross Domestic Product, Second Quarter 2022 (Advance Estimate)." July 28, 2022a. https://www.bea.gov/news/2022/gross-domestic-product-second-quarter-2022-advance-estimate.

Bureau of Economic Analysis (BEA). Table 1. "Direct Investment Abroad: Selected Items by Country of Foreign Affiliate, 2018–21." 2022b. https://www.bea.gov/data/intl-trade-investment/direct-investment-country-and-industry.

Bush, Luis. *Funding Third World Missions: The Pursuit of True Christian Partnershi*Singapore/Wheaton, IL: World Evangelical Fellowship Missions Commission, 1990.

"Business as Mission: The Effective Use of Tentmaking in North Africa." Anonymous dissertation Southern Baptist Theological Seminary, 2011.

Chevalier, Stephanie. "Leading Online Marketplaces in Latin America in 2021, by Monthly Visits." July 27, 2022. https://www.statista.com/statistics/321543/latin-america-online-retailer-visitors/.

Choisnet, Gérard. "Orange et Google s'associent dans l'Internet mobile." *African Business* [French edition] 43 (2016): 6.

Choisnet, Gérard. "AXA s'installe sur la plateforme Jumia." *African Business* [French edition] 43 (2016): 6.

Clark, D. "GDP Growth Rate Forecasts in Europe 2022." May 16, 2022. https://www.statista.com/statistics/1102546/coronavirus-european-gdp-growth/.

Clark, Dennis. *The Third World and Mission*. Waco, TX: Word Books, 1971.

Clines, David E. "The Mobilization of Honduran Baptists to Fulfill the Great Commission through the Creation of an Indigenous Sending Agency." Dissertation, Gordon-Conwell Theological Seminary, 2006.

Collins, Tom. "Economic Outlook 2022: Africa Faces Rickety Rebound." *African Business,* January 10, 2022. https://african.business/2022/01/trade-investment/economic-outlook-2022-africa-faces-rickety-rebound/.

Creemers, Tijsbert, Thiruneeran Murugavel, Frédéric Boutet, Othman Omary, and Takeshi Oikawa. "Five Strategies for Mobile-Payment Banking in Africa." Boston Consulting GrouAugust 13, 2020. https://www.bcg.com/publications/2020/five-strategies-for-mobile-payment-banking-in-africa.

Danker, William J. *Profit for the Lord: Economic Activities in Moravian Missions and the Basel Mission Trading Company*. Eugene, OR: Wipf and Stock, 2002.

Didache. http://www.thedidache.com. n.d.

Doyle, C. Andrew *A Generous Community: Being the Church in a New Missionary Age*. New York: Morehouse Publishing, 2015.

Emets, Yana. "9 Technological Innovations from Africa." *The Borgen Project* (blog), June 7, 2017. https://borgenproject.org/africa-technology-innovations/.

Escobar, Samuel. *A Time for Mission: The Challenge for Global Christianity*. Nottingham, UK: InterVarsity Press, 2003.

Ezemadu, Reuben. *Sending and Supporting African Missionaries in the 21st Century*. Ibadan, Nigeria: ACCLAIM, 2005.

Faith Promise Giving. Grand Rapids: Christian Reformed World Missions, n.d.

Fiano, Andrea. "Africa 2017: The Future of Banking Everywhere." *Global Finance*. October 2, 2017. https://www.gfmag.com/magazine/october-2017/africa-2017-future-banking-everywhere.

Ford, Neil. "From Singapore to the World." *African Business 420* (2015): 6–9.

Galvan, Hector. "A Guide to Payment Methods in Latin America." Redbridge. July 5, 2021. https://www.redbridgedta.com/us/market-intelligence/payment-methods-latin-america/.

Ganbold, S. "E-commerce in the Asia-Pacific Region—Statistics and Facts." August 23, 2021. https://www.statista.com/topics/7121/e-commerce-in-asia-pacific/#dossierKeyfigures.

Ganti, Akhilesh. "What Real Gross Domestic Product (Real GDP) Is, How to Calculate It, vs Nominal." Investopedia. Updated January 18, 2023. https://www.investopedia.com/terms/r/realgdp.asp.

Global Generosity Movement. "A Handful of Rice." Oxford: Global Generosity Network. (2010). Retrieved from the DVD titled "Generosity Resources."

González, Justo. *Faith and Wealth: A History of Early Christian Ideas on the Origin, Significance and Use of Money*. Eugene, OR: Wipf and Stock Publishers, 2002.

Green, Nigel. "Mobile Banking in Asia: The Future Is Now." AsiaTimes, August 3, 2017. https://asiatimes.com/2017/08/mobile-banking-asia-future-now/.

Holcomb, Ronald. "Harambee! Working Together to Prepare African Missionaries." Dissertation, Western Seminary, 1998.

Howarth, Josh. "Time Spent Using Smartphones (2023 Statistics)." January 9, 2023. https://explodingtopics.com/blog/smartphone-usage-stats#smartphone-usage-by-region.

IMF. Projections Table: "Economic Forecasts: Asia and the Pacific." Source: International Monetary Fund World Economic Outlook Database, April 2022. https://www.imf.org/en/Publications/REO/APAC/Issues/2022/04/25/regional-economic-outlook-for-asia-and-pacific-april-2022.

Jenkins, Phili*The Next Christendom: The Coming of Global Christianity*. Oxford: Oxford University Press, 2002.

Johnson, Paul. *More Than Money, More Than Faith: Successfully Raising Missionary Support in the Twenty-First Century*, revised edition. Enumclaw, WA: Pleasant Word, 2014.

Johnson, Todd, Gina Zurlo, Albert Hickman, and Peter Crossing. "Christianity 2018: More African Christians and Counting Martyrs." *International Bulletin of Mission Research* 42 no. 1. https://journals.sagepub.com/doi/abs/10.1177/2396939317739833.

Kane, Abdoulaye. *Tontines, caisses de solidarité et banquiers ambulants : Univers des pratiques financières informelles en Afrique*. (Revolving Savings Plans, Solidarity Funds and Itinerant Bankers: The Universe of Informal Financial Practices in Africa). Paris: L'Harmattan, 2010.

Keener, Craig. *The IVP Bible Background Commentary: New Testament*. Downers Grove, IL: InterVarsity Press, 1993.

Keller, Tim. *Every Good Endeavor: Connecting Your Work to God's Work*. New York: Riverhead Books, 2014.

Keyes, Lawrence E. *The Last Age of Missions: A Study of Third World Mission Societies-* Pasadena, CA: William Carey Library, 1983.

Kuen, Alfred. *Parole vivante*. (Living Word New Testament). Braine-l'Alleud, Belgium: Éditeurs de Littérature Biblique, 1976.

Kuen, Alfred, Christophe Paya, and Jacques Buchhold. Study notes, Acts of the Apostles. *Bible d'étude, version Semeur 2000*. (Sowers 2000 Study Bible). Charols, France: Éditions Excelsis.

L. "How Ethnic Minorities Can Experience Support Raising." *Minister Different—Series: Funding Multiethnic Mission*, 2014. http://ministerdifferent.com/ can-experience-support-raising/.

Lai, Patrick. *Tentmaking: The Life and Work of Business as Missions*. Downers Grove, IL: InterVarsity Press, 2005.

Le Belzic, Sébastien. "Les réseaux de la Chinafrique." (The Networks of Chinafrica). *African Business* [French edition] 43: 28–30.

Lederleitner, Mary. *Cross-Cultural Partnerships: Navigating the Complexities of Money and Mission*. Downers Grove, IL: InterVarsity Press, 2010.

Littlefield, Elizabeth. "Africa: An Investment Opportunity" [Commentary]. *The Baltimore Sun*. July 31, 2014.

M., Marko. "29+ Smartphone Usage Statistics: Around the World in 2022." July 5, 2022. https://leftronic.com/blog/smartphone-usage-statistics/.

MacArthur, John. Study notes, 1 Corinthians. *La Sainte Bible avec commentaires de John MacArthur*. (The Holy Bible with Commentary by John MacArthur). Geneva, Switzerland: Société biblique de Genève, 2006.

Matenga, Jay, and Malcolm Gold. *Mission in Motion: Speaking Frankly of Mobilization*. Pasadena, CA: William Carey Library, 2016.

Maury, Frédéric. "Épargne en ligne : Tigo propose une version mobile du *susu* traditionnel." (Online Saving: Tigo Proposes a Mobile Version of the Traditional *Susu*). *Jeune Afrique* 37 (2014): 15.

McQuilkin, Robertson. "Stop Spending Money! Breaking the Cycle of Missions Dependency." *Christianity Today* 43, no. 3 (1999).

Miniwatts Marketing GrouInternet World Stats: Usage and Population Statistics. https://internetworldstats.com/stats.htm, June 30, 2022.

Moon, Steve. "Missionary Families and Korean Mission Finance: Realities and Concerns." In *Family Accountability in Missions: Korean and Western Case Studies*, edited by Jonathan J. Bonk, 147. New Haven, CT: OMSC Publications, 2013.

Moravian Church in America, The. Denominational website. "A Brief History of the Moravian Church," 2018. https://www.moravian.org/2018/07/a-brief-history-of-the-moravian-church/.

Morton, Scott. *Blindspots: Leading Your Team & Ministry to Full Funding*. Fayetteville, AR: CMM Press, 2016.

Morton, Scott. *Funding Your Ministry: A Field Guide for Raising Personal Support*. 3rd ed. Colorado Springs: NavPress, 2017.

Mtata, Kenneth. *Dignity of Work: Theological and Interdisciplinary Perspectives*. Minneapolis: Lutheran University Press, 2011.

Nicole, Jules-Marcel. *Précis d'Histoire de l'Église*. (Survey of Church History). Nogent-sur-Marne, France: Édition de l'Institut Biblique de Nogent, 1972.

O'Connell, Brian. "History of Alibaba: Timeline and Facts." TheStreet. https://www.thestreet.com/world/history-of-alibaba-15145103, updated January 2, 2020.

Ong, Rebecca. "Remittances to Reach $630 Billion in 2022 with Record Flows into Ukraine." The World Bank, May 11, 2022. https://www.worldbank.org/en/news/press-release/2022/05/11/remittances-to-reach-630-billion-in-2022-with-record-flows-into-ukraine.

Otaola, Pablo. "Contextual Support Raising: A Solutions Guest Post." *Minister Different—Series: Funding Multiethnic Mission*. http://ministerdifferent.com/contextual-support-raising/.

Pate, Larry D. *From Every People: A Handbook of Two-Thirds World Missions with Directory/Histories/Analysis*. Monrovia, CA: MARC, 1989.

Perry, Samuel. "Diversity, Donations, and Disadvantage: The Implications of Personal Fundraising for Racial Diversity in Evangelical Outreach Ministries." *Review of Religious Research* 53, no. 4 (2012): 397–418.

Pew Research Center. "Wealth Gaps Rise to Record Highs Between Whites, Blacks, Hispanics." July 26, 2011. https://www.pewresearch.org/social-trends/2011/07/26/wealth-gaps-rise-to-record-highs-between-whites-blacks-hispanics/.

RANE–Worldview. "Security Challenges in Latin America." 2022. https://worldview.stratfor.com/topic/security-challenges-latin-america.

Ravitz, Jessica. "Monks Making Money: A Business Beyond Prayer." CNN, May 27, 2010. http://www.cnn.com/2010/LIVING/05/27/monks.money/.

Reuters. "JPMorgan Cuts U.S. GDP Estimates for 2022 and 2023." May 18, 2022, https://www.reuters.com/markets/us/jpmorgan-cuts-us-gdp-estimates-2022-2023-2022-05-18/.

Robinson, Eric. "How Support Raising Keeps Parachurch Ministries White." *Minister Different—Series: Funding Multiethnic Mission*. February 18, 2014a. http://ministerdifferent.com/support-raising-white/.

Robinson, Eric. "Support Raising Is Not as Biblically Based as We Think It Is." *Minister Different—Series: Funding Multiethnic Mission*. February 26, 2014b. http://ministerdifferent.com/not-as-biblically-based/.

Robinson, Eric. "Unsent Peoples: How Fixing Support Raising Could Help Fulfill the Great Commission." *Minister Different—Series: Funding Multiethnic Mission*. March 20, 2014c. http://ministerdifferent.com/unsent-peoples/.

Robinson, Eric. "Turning the White Ship Parachurch Around" —A Solutions Guest Post, by Scott Bessenecker. *Minister Different—Series: Funding Multiethnic Mission*. April 17, 2014d. http://ministerdifferent.com/unsent-peoples/turning-parachurch-ship-around/.

Romero, Teresa. (2022). "Gross Domestic Product (GDP) Real Growth Rate in Latin America and the Caribbean in 2021 and 2022, by Country." statista.com/ statistics/1032072/gross-domestic-product-growth-latin-america-caribbean-country/.

Sembène, Elimane. "Crowdfunding : une aubaine pour les start-up africaines." (Crowdfunding: A Windfall for African Start-ups). *African Business Journal* 16 (2015): 42–61. Dakar, Senegal: Afrique Challenge.

SLA (She Leads Africa). "Five Top E-commerce Platforms in Africa." 2022. https://sheleadsafrica.org/growth-of-ecommerce/.

Smith, Glenn. "La mission de Dieu dans le monde urbain du XXIe siècle." (The Mission of God in the Urban World of the 21st Century). *Œcuménisme* March/June (2005): 157–58, 46–52.

Smith, Glenn. "La mission de Dieu et la vocation évolutive de l'Église au Québec." (The Mission of God and the Evolving Vocation of the Church in Quebec). *L'Évangile et le monde urbanisé*. Montreal: Direction Chrétienne, 2009, Section 1: article 8.

Smith, Glenn. *Thinking After ... Acting Again.* Montreal: Christian Direction, 2017.

Songhai Advisory LL (n.d.). "Country Risk." *Invest in Africa.* https://www.investinafrica.com/Uploads//contentuploads/98123d72-c1f7-4662-a2ce-2de7819d8384/file.pdf.

Statista. (2022a). "Direct Investment Position of the United States in Africa from 2000 to 2021." https://www.statista.com/statistics/188594/united-states-direct-investments-in-africa-since-2000/.

Statista. (2022b). "Number of E-commerce Users in Asia from 2017 to 2025." https://www.statista.com/forecasts/1259097/e-commerce-users-asia.

Steffen, Tom, and Mike Barnett, eds. *Business as Mission: From Impoverished to Empowered.* Pasadena, CA: Evangelical Missiological Society Series Number 14, 2006.

Stevens, R. Paul. *The Other Six Days: Vocation, Work, and Ministry in Biblical Perspective.* Vancouver, Canada: Regent College Publishing, 1999.

Swanson, Eric. "Nine Game-Changers for Global Missions." *Leadership Network.* 2010. https://ministryformation.com.au/attachments/article/227/Nine_Game_Changers.pdf.

Sy, Mohamadou. "Le renouveau de l'Afrique." (The Revival of Africa). *African Business Journal* 5 (2013): 32–43.

Taylor, William. *Kingdom Partnerships for Synergy in Missions.* Pasadena, CA: William Carey Library, 1994.

Tennent, Timothy. *Invitation to World Missions: A Trinitarian Missiology for the Twenty-First Century.* Grand Rapids: Kregel Publications, 2010.

Tonby, Oliver, Jonathan Woetzel, Noshir Kaka, Wonsik Choi, Anand Swaminathan, Jeongmin Seong, Brqnt Carson, Lily Ma (2020). "How Asia Can Boost Growth through Technological Leapfrogging." McKinsey.com. Discussion paper, December 2, 2020. https://www.mckinsey.com/featured-insights/asia-pacific/how-asia-can-boost-growth-through-technological-leapfrogging.

Traveling Team, The. (n.d.) *About Missions.* http://www.aboutmissions.org/statistics.html.

Trebilco, Paul. "Prosélyte." *Le Grand Dictionnaire de la Bible.* (The Large Bible Dictionary). Charols, France: Excelsis, 2010.

Trites, Allison. Study notes, Acts of the Apostles. *NLT Illustrated Study Bible.* Carol Stream, IL: Tyndale House Publishers, 2015.

Umar, Khalid. "1.7 Billion People Don't Have a Bank Account—But Mobile Banking Could Change Their Lives." BrinkNews.com, August 9, 2021. https://www.brinknews.com/bridging-the-digital-divide-to-widen-financial-services-in-central-asia/.

UN-*ECLAC. "Net Foreign Direct Investment" chart. United Nations Economic Commission for Latin America and the Caribbean. Latest update December 14, 2022. https://statistics.cepal.org/portal/cepalstat/dashboard.html?indicator_id=1824&area_id=454&lang=en.

UN-ESCA"Foreign Direct Investment Trends and Outlook in Asia and the Pacific 2021/2022." United Nations Economic and Social Commission for Asia and the Pacific. December 15, 2021. https://unescap.org/kp/2021/foreign-direct-investment-trends-and-outlook-asia-and-pacific-20212022.

UNCTAD. "Investment Flows to Africa Reached a Record $83 Billion in 2021." United Nations Conference on Trade and Development. June 9, 2022. https://unctad.org/news/investment-flows-africa-reached-record-83-billion-2021.

Ventura, Luca. "Richest Countries in the World 2022." *Global Finance*, August 2, 2022. https://www.gfmag.com/global-data/economic-data/richest-countries-in-the-world.

Verwer, George. *Out of the Comfort Zone: A Compelling Vision for Transforming Global Mission*. Bloomington, MN: Bethany House, 2000.

Walls, Andrew. *The Missionary Movement in Christian History: Studies in the Transformation of the Faith*. Maryknoll, NY: Orbis Books, 1996.

Welch, Tim. *Analyse et propositions de financement missionnaire dans les églises évangéliques du Monde majoritaire*. (Analysis and Proposals for Mission Funding in Evangelical Churches in the Majority World). Dissertation, Abidjan, Côte d'Ivoire: Université de l'Alliance Chrétienne d'Abidjan, 2019.

Wilson, Fred. "A New Paradigm for Cross-Cultural Missions." Dissertation, Western Conservative Baptist Seminary, 1994.

Wong, James. *Missions from the Third World: A World Survey of Non-Western Missions in Asia, Africa and Latin America*. Singapore: Church Growth Study Center, 1973.

World Bank. (2022a). "MENA Economic Update: Reality Check: Forecasting Growth in the Middle East and North Africa in Times of Uncertainty." April 14, 2022. https://www.worldbank.org/en/region/mena/publication/mena-economic-update-forecasting-growth-in-the-middle-east-and-north-africa-in-times-of-uncertainty.

World Bank. (2022b). "Global Economic Prospects: Europe and Central Asia." June 7, 2022. https://www.worldbank.org/en/region/eca/brief/global-economic-prospects-europe-and-central-asia.

World Bank. (2022c). "The World Bank in Africa." Last updated December 14, 2022. https://www.worldbank.org/en/region/afr/overview.

Yamamori, Tetsunao, and Kenneth A. Eldred, eds. *On Kingdom Business: Transforming Missions Through Entrepreneurial Strategies*. Wheaton: Crossway Books, 2003.

www.ingramcontent.com/pod-product-compliance
Lightning Source LLC
Chambersburg PA
CBHW060610080526
44585CB00013B/758